Kreta

Vorwort

Reisen, fotografieren und Neues entdecken. Das ist meine Leidenschaft, der ich voller Begeisterung nachgehe. Die schönsten Ziele, Strände und Sehenswürdigkeiten, die ich während meiner vielen tausend Kilometer auf Kreta entdeckte, sind in diesem Buch zusammengefasst. Die Fotos sollen Ihnen dabei einen ersten Eindruck vermitteln, Lust auf „mehr" machen, jedoch noch genügend Freiraum für eigene Entdeckungstouren lassen. Besonders gut lässt sich Kreta mit dem Auto erkunden. Aber auch alle anderen Reisenden werden hier viele Tipps finden, die den Urlaub noch schöner machen. Ich wünsche Ihnen eine schöne und genussvolle Reise!

Ihr Ralph von Bordelius

Inhaltsverzeichnis

Hinweise zum Buch

In diesem Reiseführer möchte ich Ihnen die wichtigsten Ziele und Sehenswürdigkeiten auf Kreta vorstellen. Hierzu gibt es insgesamt 66 Ziele, die einzeln beschrieben werden und sich im Buch immer wieder finden. Bei den Zielen kann es sich u.a. um besonders schöne Küstenorte, tolle Panoramastraßen, beeindruckende Wanderungen, traumhafte Strände sowie um antike Ausgrabungen handeln. Anhand der mit Fotos und Text beschriebenen Einzelziele lässt sich die Reise bereits im Vorfeld gut planen. Diese Ziele lassen sich anhand eigener Wünsche individuell zu verschiedenen Tagestouren oder auch einer kompletten Rundreise auf Kreta zusammenfügen. Für eine bessere Übersicht sind die 66 Einzelziele auf die Gebiete „Der Westen" - „Die Mitte" - „Der Osten" unterteilt. Zur optimalen Reiseplanung gibt es zu allen 66 Einzelzielen eine Anfahrtsbeschreibung und eine entsprechende Positionsnummer auf einer der Übersichtskarten. Jedes dieser Einzelziele endet mit dem Hinweis, mit welchen anderen Zielen dieses Ziel gut verbunden werden kann. Dies ist insbesondere im Südwesten Kretas wichtig, da teilweise nebeneinander liegende Ziele wie (17) und (18) durch die Samaria-Schlucht mit dem Auto nur über einen großen Umweg über die Nordküste zu erreichen sind.

Im Buch sind zusätzlich noch 12 ausgearbeitete Autotouren beschrieben. Jede Tour besitzt mehrere Höhepunkte. So lassen sich die beschriebenen Einzelziele besonders gut entdecken und miteinander kombinieren. Je nach persönlichen Wünschen können die Touren natürlich individuell anhand der Einzelziele oder persönlicher Vorlieben abgeändert oder erweitert werden.

Geschichtliche Hintergrundinformationen dürfen in diesem Reiseführer natürlich ebenso wenig fehlen, wie Informationen über die beste Reisezeit und Hinweise zu Wanderungen auf Kreta.

Neben einem Bereich „Minimal-Wortschatz" gibt es noch ein „Kulinarisches Wörterbuch" und eine Seite mit wichtigen Informationen, Telefonnummern und Adressen für den Notfall. Die Notfallseite stellt hier nur die wichtigsten Informationen für Notfälle bereit, um Hilfe zu organisieren. Es wird empfohlen, je nach persönlichen Bedürfnissen und Notwendigkeiten, weitere Informationen, Adressen und Telefonnummern zusätzlich zu recherchieren und nach Kreta mitzunehmen.

Anhand der Übersicht der 66 Einzelziele auf den Seiten 172 und 173 lässt sich leicht ablesen, was es bei welchem Einzelziel zu sehen gibt. Wenn man die Spalte von Ziel (1) von oben nach unten liest, zeigen die weißen Punkte in der Tabelle an, dass bei diesem Ziel etwas zu einem schönen Aussichtspunkt, zu einem Museum, zur Geschichte Kretas und zu einem Ort beschrieben ist. Wer z.B. etwas zu schönen Stränden sucht, liest links in der Zeile unter „Stränden" und sieht dann rechts anhand der weißen Punkte, bei welchem der 66 Einzelziele etwas hierüber beschrieben ist.

Das Wichtigste in Kürze

Kreta besitzt fast 1.100 km Küstenlinie und ist mit 8.261 km² die fünftgrößte Insel im Mittelmeer. Es leben ca. 600.000 Einwohner auf Kreta, der größten griechischen Insel. Die Insel ist ca. 250 km lang, 20-80 km breit und ist in die 4 Präfekturen Chania, Rethimnon, Iraklion und Lassithi unterteilt. Die beiden Hauptwirtschaftszweige sind der Tourismus und die Landwirtschaft.

Kreta ist eine sehr abwechslungsreiche Insel. Es gibt alleine drei Gebirge auf Kreta mit Bergen über 2000 m Höhe. Die Weißen Berge, auch „Lefka Ori" genannt, liegen im Westen Kretas und haben mit dem 2.453 m hohen Berg Pachnes auch den höchsten Berg auf Kreta zu bieten. Tief eingeschnitten durchtrennt die berühmte Samaria-Schlucht mit bis zu 600 m hohen Seitenwänden das Gebirge und macht es zugleich zu einer beeindruckend wilden Berglandschaft.

Der Mix aus hohen Bergen, tiefen Schluchten und einsamen Pfaden entlang der Küste lockt jedes Jahr zahlreiche Wanderer an. Die Monate April bis Juni eignen sich am besten für Wanderungen auf Kreta, da es noch schön grün und noch nicht zu heiß auf der Insel ist.

Durch das oft türkisfarbene Wasser und die traumhaften Strände kommen aber auch Badeurlauber auf Kreta voll auf ihre Kosten. Reisende, die viel Zeit am Strand verbringen möchten, sollten Kreta von September bis Oktober besuchen.

Lassen Sie sich auch kulinarisch von den leckeren Speisen verwöhnen, die in den zahlreichen kleinen Tavernen auf der Insel angeboten werden. Die Kreter essen viel frisches Gemüse und verwenden Olivenöl bei der Zubereitung ihrer Speisen. Sie zählen zu den gesündesten und ältesten Menschen Europas.

Kulturell hat Kreta ebenfalls viel zu bieten. Neben beeindruckenden Ausgrabungen aus unterschiedlichen Zeitepochen gibt es viele Museen, schöne Klöster, in den Felsen gebaute Kapellen sowie alte Städte und Bergdörfer. Dadurch lässt sich die Geschichte der Kreter sehr lebendig erleben.

Durch die geografische Lage zwischen Europa, Afrika und dem Orient war Kreta viel umkämpft. Die Insel wurde in der Vergangenheit immer wieder besetzt und die Bevölkerung unterdrückt. Die Kreter haben dabei oft lieber den Tod gewählt, als ihren Angreifern in die Hände zu fallen.

Die Landessprache ist griechisch. Da die Kreter ein sehr gastfreundliches Volk sind, kommt man in der Regel aber auch mit Englisch und teilweise auch mit Deutsch gut auf der Insel klar. Gezahlt wird in Euro. Geld bekommt man am besten mit der EC-Karte am Geldautomaten. Auf Kreta können sich Abfahrts- und Öffnungszeiten schnell ändern. Die im Buch angegebenen Werte können daher nur als Richtwerte gesehen werden. Zur Sicherheit sollte man sich immer vor Ort informieren.

Unterkunftstipp
Restauranttipp
Museumstipp
Aussicht
Strand
Wanderweg
Autotour Westen 1
Autotour Westen 2
Autotour Westen 3
Autotour Westen 4
0
20 km
Kretisches Meer
Libysches Meer
Golf von Kissamos
Balos
Gramvousa-Halbinsel
Falasarna
Afrata
Moni Gonia
Kolimbari
Maleme
Chania
Stavros
Moni Katholiko
Moni Gouverneto
Akrotiri
Moni Agia Triada
Sternes
Kissamos-Kastelli
Polirinia
Spilia
Galatas
E 75
Ano Vouves
Varipetro
Souda
Fort Izzedin
Aptera
Kalives
Almirida
Alikianos
Topolia
Sfinari
Kambos
Dromonero
Kechres
Loulos
Sellia
Prasses
Therisso
Lakki
Vamos
Kefalas
Vathi
Elos
Omalos
Vrisses
Dris
Kandanos
Europäischer Fernwanderweg
Weiße Berge
Alikambos
Georgioupolis
Episkopi
Kournassee
Moni Chrissoskalitissa
Omalos-Hochebene
Agia Irini-Schlucht
Samaria S.
2454 m Pachnes
Askifou-Hochebene
Asi Gonia
Imbros-S.
Nekropole v. Armeni
Voutas
Sougia
Anidri
E4
Elafonisi
Paleochora
Agia Roumeli
Aradena
Anopolis
Imbros
Kallikratis
Kotsifou-Schlucht
Loutro
Chora Sfakion
Argoules
Frangokastello
Plakias
Lefkogia
Moni Preveli
Kastri
Karave
Gavdos
Fähre nach Gavdos ca. 60 km
Fähre nach Gavdos ca. 40 km

DER WESTEN

1. Küstenort Chania: Venezianischer Hafen
2. Küstenort Chania: Altstadt
3. Küstenort Chania: Markthalle
4. Küstenort Kolimbari
5. Kloster Moni Gonia
6. Höhlenkapelle Agia Sofia
7. Höhlenkapelle Agios Joannis Prodromos
8. Piratenbucht von Balos
9. Strand von Falasarna
10. Küstenort Sfinari
11. Panoramastraße zwischen Platanos und Elafonisi
12. Strand von Elafonisi
13. Zedern-Wacholderstrand
14. Küstenort Paleochora
15. Anidri Beach
16. Gialiskari Beach
17. Küstenort Sougia
18. Bergdörfer Anopolis und Aradena
19. Küstenort Loutro
20. Küstenwanderung von Chora Sfakion nach Loutro
21. Küstenort Chora Sfakion
22. Hochebene von Askifou
23. Ort Vrisses
24. Küstenort Georgioupolis

Küstenort Chania: Venezianischer Hafen

1

Kurzbeschreibung:
Romantisches Hafenviertel aus venezianischer Zeit mit schöner Promenade, das zum Flanieren und Verweilen einlädt.

Anfahrt: (GPS: 35°31'02,99" N und 24°00'57,78" E)
Wenn man zum venezianischen Hafen möchte, folgt man immer der Beschilderung „Chania Zentrum". Die Anfahrt ist durch die vielen kleinen Straßen etwas kompliziert. Im Hafenviertel und in der umliegenden Altstadt gibt es zudem keine Parkplätze. Daher sollte man das Auto in einer Seitenstraße nahe der Altstadt abstellen und diese sowie das Hafenviertel zu Fuß erkunden.

Der Hafen von Chania besteht im Prinzip aus zwei miteinander verbundenen Hafenbecken. Dem östlich gelegenen Fischer- und Yachthafen, sowie dem in westlicher Richtung angrenzenden venezianischen Hafen mit Leuchtturm. Gegenüber des Leuchtturms befindet sich die venezinische Firkas-Festung, die 1629 zum Schutz des Hafens vor den Türken gebaut wurde. Nach der Eroberung Chanias durch die Türken wurde sie zum Gefängnis umfunktioniert.

Museumstipp:
In der Festung ist heute das Nautische Museum untergebracht, in dem neben nautischen Geräten auch Dokumente der Seefahrer und eine Muschelsammlung ausgestellt sind.
Öffnungszeiten: Tägl. 9:00-16:00 Uhr, Eintritt: ca. 3 €

Die im Jahr 1645 erbaute Janitscharen-Moschee ist das älteste türkische Gebäude der Stadt und steht direkt am Hafen. Mit ihrer großen Kuppel ist sie im Übergang vom venezianischen Hafen zum Yachthafen nicht zu übersehen. Heute werden in der ehemaligen Moschee wechselnde Kunstausstellungen gezeigt.

Am Hafenbecken lohnt ein Spaziergang zum venezianischen Leuchtturm, der die malerische Hafenkulisse mit den pastellfarbenen Häusern perfekt ergänzt. Der im 16. Jh. erbaute Leuchtturm ist der älteste ganz Griechenlands. Die vielen Häuser direkt am Hafen dienten den Händlern und Kaufleuten früher als Lagerhäuser für die Waren der Seefahrer. Heute haben sich überall Cafés und Tavernen in den ehemaligen Lagerhäuser niedergelassen.

Restauranttipp:
Ein echter Geheimtipp ist das Fischrestaurant „Thalasino Ageri" im alten Gerberviertel. Wer frischen Fisch direkt am Wasser bei wunderschönen Sonnenuntergängen genießen möchte, wird an diesem romantischen Ort voll auf seine Kosten kommen.
www.thalasino-ageri.gr Tel.: +30 28210 51136

Aussichtstipp:
Vom ersten Stock des Cafés „OEA" genießt man einen schönen Blick auf den venezianischen Hafens und die Promenade.

Gut zu verbinden mit: 2, 3, 4, 5, 23, 24

ΝΟΣΤΟΣ

Küstenort Chania: Altstadt

2

Kurzbeschreibung:
In dem Labyrinth aus engen und verwinkelten Gässchen kann man stundenlang bummeln, shoppen und schlemmen.

Anfahrt: (GPS: 35°30'58,81" N und 24°01'01,63" E)
Die Anfahrtsbeschreibung zur Altstadt ist bei (1) beschrieben.

Chania ist mit seinen ca. 55.000 Einwohnern die zweitgrößte und für viele Urlauber die schönste Stadt Kretas. Ein besonderes Flair bieten die zahlreichen romantischen Altstadtgässchen hinter dem venezianischen Hafen. In dem größtenteils verkehrsfreien Viertel kann man stundenlang schlendern oder es sich in einer der zahlreichen Tavernen gut gehen lassen.

Geschichte:
Bereits zu minoischer Zeit war Kydonia, wie Chania damals noch heißt, ein bedeutendes Handelszentrum. Im Jahre 1252 wird Chania von den Venezianern erobert. Während dieser Herrschaft wird der venezianische Hafen mit Leuchtturm und Festung zum Schutz des Hafens gebaut. Im Jahre 1645 fällt Chania nach 55-tägiger Belagerung in die Hände der türkischen Eroberer. Die Janitscharen-Moschee wird noch im selben Jahr am venezianischen Hafen (1) gebaut. Auf Druck der Großmächte wird die türkische Herrschaft im Jahre 1898 auf Kreta beendet. Im Zweiten Weltkrieg beginnt die Eroberung Kretas, nachdem deutsche Fallschirmjäger den Flughafen von Maleme eingenommen haben. Zahlreiche Luftangriffe der Deutschen Truppen zerstören die Altstadt Chanias und fordern viele Opfer. Bis Mai 1945 ist Kreta von Deutschen Truppen besetzt. Chania wird 1971 als Inselhauptstadt von Iraklion abgelöst.

Wer mit dem Mietwagen auf Rundreise ist, sollte sich für 2-3 Tage in einem Hotel direkt am venezianischen Hafen (1) einmieten. Von hier aus lässt sich die Altstadt am besten erkunden.

Unterkunftstipps: (Lage siehe Stadtplan)
- Belmondo Hotel
  www.belmondohotel.com Tel.: +30 28210 36217
- Palazzo Duca Hotel
  www.palazzoduca.gr Tel.: +30 28210 70460
- Alcanea Boutique Hotel
  www.alcanea.com Tel.: +30 28210 75370
- Casa Delfino Hotel
  www.casadelfino.com Tel.: +30 28210 87400

Restauranttipp:
Die Taverne „To Xani" im Westen der Altstadt gelegen überzeugt durch leckeres Essen und tolle Atmosphäre. Oft Livemusik. Nicht verpassen sollte man den Besuch in der benachbarten Bar, die sich in einer renovierten Hausruine befindet.

Gut zu verbinden mit: 1, 3, 4, 5, 23, 24

ΤΥΡΟΚΟΜΙΚΑ
ΠΡΟΪΟΝΤΑ
ΠΑΡΑΓΩΓΗ ΜΑΣ

Küstenort Chania: Markthalle

3

Kurzbeschreibung:
In der Markthalle werden neben Lebensmittel auch leckere Gerichte angeboten. Öffnungszeiten beachten!

Anfahrt: (GPS: 35°30'49,75" N und 24°01'13,57" E)
Zunächst fährt man in Chania immer Richtung Zentrum. Die Markthalle grenzt direkt südlich an die Altstadt mit den kleinen Gässchen an. Sie befindet sich an der großen Kreuzung der Straßen Apokoronou und Chatzimichalis.

Die 1913 eröffnete Markthalle wurde nach dem Vorbild der Marseiller Markthalle entworfen und hat einen kreuzförmigen Grundriss.

Angeboten werden neben Fisch, Fleisch, Obst und Gemüse auch Souvenirs. Für das leibliche Wohl sorgen einige kleine Markttavernen, in denen man meist gut und günstig essen kann. Nachmittags haben besonders in der Nebensaison einige Stände geschlossen. Der Markt sollte daher wenn möglich vormittags besucht werden, um möglichst viel von dem bunten Marktgeschehen direkt zu erleben. Die Öffnungszeiten beachten, um nicht vor verschlossenen Türen zu stehen.

Öffnungszeiten:
Mo-Sa: 8:00-13:30 Uhr sowie
Di, Do und Fr: 17:00-20:00 Uhr

Ausflugstipp:
Wer sich die Markthalle anschaut, sollte von dort einen Spaziergang über die Tzanakaki Straße zum Stadtpark mit dem kleinen Zoo unternehmen. Die Tzanakaki Straße liegt direkt am Südausgang der Markthalle. Der Park ist eine Oase der Ruhe mit vielen natürlichen Schattenplätzen. Ein idealer Ausgleich zum manchmal etwas hektischen Treiben in der Altstadt oder der Markthalle. Besonders schön ist das Ambiente im stilvoll eingerichteten Café „Kipos“ mitten im Park.

Wer mit dem Auto unterwegs ist, sollte einen Ausflug auf die Akrotiri-Halbinsel unternehmen. Der Weg von der Altstadt dorthin führt durch das ehemalige Diplomatenviertel Chalepa.
Auf der Akrotiri-Halbinsel liegt das Kloster Moni Agia Triada, das 1631 im venezianischen Stil erbaut wurde. Vier Kilometer nördlich von Moni Agia Triada, in den Bergen gelegen, befindet sich das Kloster Moni Gouverneto. Von hier aus gibt es einen schönen mit Natursteinen gepflasterten Weg, der an der Bärenhöhle vorbei ins heute verlassene Kloster Moni Katholiko führt. Es ist über eine alte Steinbrücke zu erreichen. Im Kloster gibt es eine weit in eine Höhle reichende Kirche. Das Kloster wurde bereits im 16 Jh. aufgrund zahlreicher Piratenüberfälle verlassen. Früher lebten Eremiten in den zahlreichen Höhlen nahe dem Kloster.

Gut zu verbinden mit: 1, 2, 4, 5, 23, 24

Küstenort Kolimbari

4

Kurzbeschreibung:
Kleiner Fischerort im Nordwesten von Kreta, in dem es trotz größeren Bautätigkeiten noch recht beschaulich zugeht. Guter Ausgangspunkt, um den Westen Kretas zu entdecken.

Anfahrt: (GPS: 35°32'41,98" N und 23°46'46,89" E)
Der kleine Küstenort ist von Chania aus über die Küstenstraße Richtung Westen nach ca. 21 km zu erreichen. Am Ortsende Richtung Rodopou-Halbinsel liegt ein kleiner Fischerhafen.

Museumstipp:
Im Ort gibt es ein Fischermuseum, das besichtigt werden kann. Zu sehen gibt es neben alten Fischerbooten auch andere Utensilien, die für den Fischfang benötigt wurden.
Öffnungszeiten: An Werktagen von 10:00-18:00 Uhr

Unterkunftstipp:
In Ravdoucha, ca. 7 km westlich von Kolimbari, befinden sich die zwei Luxusvillen „Ravdoucha Epavlis“ in imposanter Lage hoch über dem Meer. Sehr stilvolle Unterkünfte mit eigenem Pool und einer atemberaubenden Aussicht, für besondere Ansprüche.

Adresse:
Ravdoucha Epavlis
Nikolaos Manousakis
Ravdoucha Village
73100 Chania, Crete

Kontakt:
Nikolaos Manousakis
Tel.: +30 6977 599594
info@ravdouchaepavlis.gr
www.ravdouchaepavlis.gr

Ausflugstipp:
Wer mit dem Mietwagen unterwegs ist, sollte hier einen Abstecher ins Hinterland machen. Von Kolimbari aus kann man in das etwa 10 km entfernte Ano Vouves fahren, um den vielleicht ältesten Olivenbaum der Welt und ein Olivenmuseum auf dem Gelände zu besuchen.
Wanderfreunde kommen in der einsamen Schlucht von Sassalos (ca. 20 km südwestlich) auf ihre Kosten. Wer einen tollen Ausblick auf die Bucht von Kissamos genießen möchte, sollte in die antike Stadt Polirinia fahren (ca. 6 km südlich von Kissamos) und zu den Ausgrabungen wandern.

Restauranttipp:
Die Fischtaverne „Argentina“ befindet sich direkt an der Durchgangsstraße im Ort, kurz vor dem Hafen auf der linken Seite. Hierher gehen auch viele Kreter, um Fisch zu essen. Wer frischen Fisch mit einem guten Preis-Leistungsverhältnis essen möchte, ist hier genau richtig. Tel.: +30 28240 22243

Hinweis:
In der Zeit von Juni - September legen die vom Aussterben bedrohten Meeresschildkröten „Caretta-Caretta“ ihre Eier im Sand am Strand ab. Die Nester werden mit Körben gekennzeichnet und geschützt (36).

Gut zu verbinden mit: 1, 2, 3, 5, 6, 7

Kloster Moni Gonia

5

Kurzbeschreibung:
Geschichtlich bedeutendes Kloster in toller Lage.

Anfahrt: (GPS: 35°33'01,78" N und 23°46'36,22" E)
Der Küstenort Kolimbari (4) ist von Chania aus über die Küstenstraße Richtung Westen nach etwa 21 km zu erreichen. In Kolimbari muss man Richtung Meer durch den Ort, am Hafen vorbei, Richtung Rodopou-Halbinsel fahren. Das Kloster befindet sich ca. 1 km nach dem Hafen auf der rechten Seite.

Geschichte:
Im 9. Jh. n. Chr. gründeten Eremiten das Kloster Agios Georgios an der Nordspitze der Rodopou-Halbinsel. Aufgrund mehrerer Piratenüberfälle wurde das Kloster jedoch aufgegeben und ein neues Kloster im 17. Jh. an der heutigen Stelle des Klosters Moni Gonia erbaut. Da das Kloster früher als wichtiges Zentrum gegen die türkischen Besetzer galt, wurde es von den Türken mehrmals zerstört, von den Kretern aber immer wieder aufgebaut.
Im Zweiten Weltkrieg war das Kloster ein wichtiges Zentrum im Kampf gegen die deutschen Truppen. Das Kloster wurde 1941 von den Deutschen besetzt, die Mönche zum Tode verurteilt, später aber begnadigt. Nach dem Krieg erklärte sich der Klosterabt bereit, die Gebeine deutscher gefallener Soldaten aufzubewahren, bis sie 1974 auf dem Soldatenfriedhof in Maleme beigesetzt werden konnten.

Die Klosterkirche ist mit tollen Ikonen geschmückt. Weitere Ikonen aus dem 17. und 18. Jh. gibt es im kostenpflichtigen Museum (ca. 2 € Eintritt) zu sehen.
Öffnungszeiten:
Mo-Fr: 8:00-12:30 Uhr und 16:00-20:00 Uhr
Sa: 16:00-20:00 Uhr
Während der Wintermonate: 15:30-17:30 Uhr

Hinweise:
- Fotografieren im Kloster verboten
- Kleidung: Keine kurzen Hosen und Schultern bedecken

Gedenkstätte:
Wenn man von Kolimbari Richtung Chania fährt, zweigt kurz vor Maleme nach ca. 9 km eine Straße nach rechts zum deutschen Soldatenfriedhof ab. Hier fanden 4465 deutsche Soldaten ihre letzte Ruhestätte.

Restauranttipp:
Im Nachbarort Afrata, nördlich vom Kloster gelegen, kann man sehr gut bei schöner Aussicht in der rechten der beiden Tavernen am kleinen Dorfplatz essen.

Gut zu verbinden mit: 1, 2, 3, 4, 6, 7

TAVERNA CAFE
SOUVENIR
ROMANTZA
ΚΙΣΣΑΜΟΣ ΧΑΝΙΑ - ΚΡΗΤΗ ΤΗΛ.: 28220 51709

Höhlenkapelle Agia Sofia

6

Der Westen

Kurzbeschreibung:
Beeindruckende Tropfsteinhöhle mit Höhlenkapelle in einer Seitenwand der Topolia-Schlucht.

Anfahrt: (GPS: 35°24'40,80" N und 23°40'56,98" E)
Die kleine Höhlenkapelle liegt direkt in der Topolia-Schlucht. Um zur Topolia-Schlucht zu gelangen, fährt man von Chania aus über Kolimbari nach Kissamos und biegt dort nach Süden Richtung Elos ab. Nach weiteren ca. 12 km erreicht man die Schlucht. Die Höhle mit dem kleinen Kirchlein befindet sich in einer Seitenwand der Schlucht bei der Taverne „Romantza". Hier wird man meist von einem freundlichen Kreter in der orginal kretischen Tracht begrüßt. Der Treppenweg führt direkt an der Taverne vorbei und endet nach ca. 5 Min. in der Höhle.

Der ca. 25 m x 10 m imposante Höhleneingang wird von einem kleinen Glockenturm geschmückt. Links vom Höhleneingang geht es in die kleine Kapelle der Heiligen Sophia. Wenn man die Kapelle am anderen Ende verlässt, führt der Weg tiefer in die Höhle hinein. Der Hauptraum der Höhle ist ca. 70 m x 70 m x 15 m groß. Zahlreiche mächtige Stalagmiten verleihen der Höhle zusammen mit der kleinen Kapelle ein ganz besonderes Flair. Vom Höhleneingang aus hat man einen schönen Blick in die Topolia-Schlucht. Mit etwas Glück kann man über der Schlucht die Geier kreisen sehen.

Geschichte:
Ausgrabungen und Funde in der Höhle lassen vermuten, dass bereits in der Zeit von 4000 v. Chr. - 5000 v.Chr. die Höhle als Kultstätte von Menschen benutzt wurde. Auch später, während Kreta unter türkischer Herrschaft stand, diente die Höhle in der Topolia-Schlucht kretischen Partisanen als Versteck.

Ausflugstipp:
Die Topolia-Schlucht ist eine der wenigen Schluchten auf Kreta, die mit dem Auto befahrbar ist. Wer keine Schluchtenwanderung auf Kreta machen möchte oder kann, hat hier die Gelegenheit trotzdem einen Eindruck von Kretas imposanten Schluchten zu bekommen. Bei der Fahrt durch die Schlucht muss ein einspuriger, unbeleuchteter Tunnel durchfahren werden. Der Verkehr durch den Tunnel wird über eine Ampel geregelt.

Hinweise:
- Höhle und Höhlenkapelle sind frei zugänglich
- Der Eintritt ist frei
- Schwierige Parkplatzsituation bei der Höhle
- Da die Höhle nicht beleuchtet ist, ist eine Taschenlampe besonders im hinteren Teil der Höhle von Vorteil

Gut zu verbinden mit: 4, 5, 7, 8, 9, 10, 11, 12, 13, 14, 15, 16

Höhlenkapelle Agios Joannis Prodromos

7

Kurzbeschreibung:
Von außen eine unscheinbare kleine Höhlenkapelle, mit einem wunderschönen in den Fels gebauten Altarraum.

Anfahrt: (GPS: 35°30'40,88" N und 23°38'14,59" E)
Die Höhlenkapelle liegt von Kissamos aus ca. 1,5 km in westlicher Richtung entfernt direkt an der Küstenstraße in der Nähe des Hafens.

Diese schöne in den Fels gebaute kleine Kapelle wurde bereits im 10. Jh. n. Chr. gebaut und 1947 renoviert. Der mit einem rautenförmigen Muster geschmückte Boden der Kapelle beeindruckt dabei ebenso, wie die vielen Holzschnitzereien und Ikonen im Innenraum. Neben der Kapelle mit dem Altarraum werden unter einem Felsvorsprung mit großen bemalten Holzfiguren drei Bibelszenen gezeigt. Dargestellt werden die Geburt Christi, sowie die Kreuzigung und die Auferstehung.

Vom nahegelegenen Hafen Kavonisi, der außerhalb von Kissamos liegt und zu Kissamos gehört, fahren Ausflugsboote zum Lagunenstrand Balos (8) und zur Insel Gramvousa. Vom Hafen fahren größere Schiffe nach Piräus und Peloponnes.

Kissamos:
Die kretische Kleinstadt mit über 4.000 Einwohnern liegt ca. 40 km westlich von Chania und ist über eine gut ausgebaute Küstenstraße zu erreichen. Die Kleinstadt liegt am Golf von Kissamos westlich der Rodopou-Halbinsel und östlich der Gramvousa-Halbinsel. Bisher konnte sich Kissamos seine Ursprünglichkeit bewahren und eignet sich durch seine Lage gut ais Ausgangspunkt für Touren, um den Westen Kretas mit dem Auto zu entdecken oder um an einem der vielen schönen Sandstrände zu entspannen. Im Ort selbst lohnt ein Spaziergang im Zentrum beim Dorfplatz und in den Seitenstraßen. Hier kann man das ursprüngliche Flair Kretas erleben. Es gibt neben den meist einfachen Geschäften auch einige Tavernen, Cafés und Kafenias.

Museumstipp:
Unweit des Dorfplatzes befindet sich das 2006 eröffnete Archäologische Museum von Kissamos. Zu sehen gibt es zahlreiche Funde aus Kissamos und der Umgebung. Besonders beeindruckend sind die beiden Mosaikböden aus der römischen Zeit (2./3. Jh. n. Chr.). Eintritt: frei
Öffnungszeiten: Di-So: 8:30-15:00 Uhr

Unterkunftstipp:
Ein schönes Flair strahlt das gepflegte und im ca. 4 km entfernten Kaliviani gelegene und familiär geführte „Kaliviani Traditional Hotel“ aus. www.kaliviani.com Tel.: +30 28220 23204

Gut zu verbinden mit: 4, 5, 6, 8, 9, 10, 11, 12, 13

Piratenbucht von Balos

8

Der Westen

Kurzbeschreibung:
Traumhaft schöne Lagune, die über eine abenteuerliche unbefestigte Piste mit atemberaubenden Ausblicken zu erreichen ist.

Anfahrt: (GPS: 35°35'09,26" N und 23°35'56,14" E)
Diese Bilderbuchlagune im Westen Kretas ist mit dem Auto über Kissamos und Kaliviani zu erreichen. Eine lange, staubige und holprige Piste führt immer weiter hinaus auf die Halbinsel Gramvousa bis nach ca. 8 km ein Parkplatz erreicht wird. Die abenteuerliche Anfahrt bietet, neben einer kleinen Kapelle in toller Lage, immer wieder traumhafte Ausblicke auf den Golf von Kissamos. Nach ca. 2/3 Fahrtstrecke kommt eine Mautstelle, die passiert werden muss. Vom Parkplatz am Ende der Strecke führt ein Trampelpfad in ca. 10 Min. zu einer Steintreppe, von der aus man einen herrlichen Blick auf die Bucht und das Kap Tigani genießen kann. In weiteren 15 Min. geht es hinab zum Strand von Balos in der Piratenbucht.

Die landschaftlich schöne Strecke ab Kaliviani zu Fuß zurückzulegen, kann nicht empfohlen werden, da die staubige Piste doch recht viel befahren wird und man als Fußgänger in den Staubwolken der Fahrzeuge verschwindet.

Alternativ kann die Piratenbucht auch per Boot ab Kavonisi ca. 2 km westlich von Kissamos erreicht werden.

Geschichte:
Auf der Insel Gramvousa liegen die Ruinen einer venezianischen Festung. Ursprünglich wurde sie von den Venezianern in dieser exponierten und fast uneinnehmbaren Lage zwischen 1579-1582 erbaut. Die Festung diente zum Schutz der venezianischen Schiffe, die zwischen Venedig und dem Orient verkehrten. Später wurde die Festung von Piraten als Versteck genutzt, die von hier aus ihre Überfälle auf vorbeifahrende Schiffe starteten. Daher auch der Name Piratenbucht.

Tipp:
Morgens oder abends sowie in der Nebensaison, wenn es nicht zu überlaufen ist, ist es hier besonders schön.

Hinweise:
- Wer mit dem Fahrzeug anreist, erreicht nach ca. 2/3 der staubigen Anfahrtspiste eine Mautstelle. Hier muß 1 € gezahlt werden, der wieder in die Landschaftspflege und den Schutz von Balos, sowie der Halbinsel Gramvousa investiert wird.
- Sonnenschirm- und Liegenverleih in der Hauptsaison
- Traumstrand in flacher Lagunenumgebung

Gut zu verbinden mit: 4, 5, 6, 7, 9,

Strand von Falasarna

9

Kurzbeschreibung:
Dieser weiße Sandstrand gehört zu den schönsten Stränden Kretas.

Anfahrt: (GPS: 35°30'22,91" N und 23°34'40,72" E)
Zum Strand fährt man von Chania aus über Kolimbari, Kissamos bis Platanos. In Platanos biegt man rechts ab und folgt der Beschilderung weitere ca. 5 km bis nach Falasarna. Auf den letzten Kilometern wird man mit einer schönen Aussicht auf die Bucht mit dem türkisfarbenen Wasser und den schönen Stränden belohnt. Lediglich die vielen Foliendächer der Treibhäuser, in denen meist Tomaten oder Bananen angebaut werden, schmälern das schöne Panorama ein wenig.

Strandtipp:
Feine, flach ins Meer abfallende Sandstrände und türkisfarbenes Wasser findet man in Falasarna. Die schönen Strandabschnitte liegen im Nordteil der langgezogenen Bucht und gehören zu den schönsten Stränden auf Kreta.

Falasarna mit seinen Traumstränden wird hauptsächlich von Individualreisenden besucht. Der Massentourismus hat hier noch keine Bedeutung. In der Bucht gibt es einige Tavernen und Pensionen, die auch Zimmer vermieten. Alles liegt ziemlich weit auseinander. Ein Auto ist daher unbedingt zu empfehlen. Es gibt weder einen Dorfkern noch eine Strandpromenade in Falasarna.

Hinweise:
- Feiner Sandstrand mit türkisfarbenem Wasser
- Teilweise Sonnenschirm- und Liegenverleih
- Mehrere Strandbars an einigen Strandabschnitten

Geschichte:
Am Nordende der Bucht befinden sich Ausgrabungen einer Hafenanlage, die in der Antike über einen Kanal mit dem Meer verbunden war. Der vermutlich in der Dorischen Zeit (ca. 1100 bis 500 v. Chr.) erbaute Hafen wurde auch noch von den Römern verwendet. Archäologen vermuten, dass dieser Hafen in der Antike zu dem einige Kilometer entfernt in den Bergen versteckt gelegenen Ort Polirinia gehört hat. Vermutlich hob sich der Westen Kretas im 4. Jh. n. Chr. um mehrere Meter, während sich der Osten Kretas absenkte. Die antike Hafenanlage in Falasarna liegt heute ca. 6 m über dem Meeresspiegel. Die antike Stadt Olous (63), in der Nähe von Agios Nikolaos (62) im Osten Kretas hingegen, versank im Meer.

Restauranttipp:
Gut speisen kann man auf der Terrasse oder in dem wunderschön angelegten Garten der Taverne „Vassilis“. Dieses einzigartige Ambiente liegt ca. 2 km südlich von Falasarna inmitten der Olivenhaine. www.tavernavassilis.gr Tel.: +30 28220 41529

Gut zu verbinden mit: 4, 5, 6, 7, 8, 10, 11, 12, 13

Küstenort Sfinari

(10)

Kurzbeschreibung:
Auf dem Weg von oder zum Strand von Elafonisi lohnt ein Abstecher zu einer der drei Fischtavernen in traumhafter Strandlage.

Anfahrt: (GPS: 35°24'58,35" N und 23°33'44,12" E)
Auf der Panoramastraße an der Westküste, zwischen Platanos im Norden und dem Strand von Elafonisi im Süden, zweigt ca. 8 km südlich von Platanos eine Straße nach rechts zum Küstenort Sfinari ab. An dieser Abzweigung fährt man Richtung Meer und biegt dort nach links ab, um zu den drei Tavernen zu gelangen. Die Tavernen befinden sich am Ende der kleinen Küstenstraße direkt am Meer und sind mit dem Auto gut zu erreichen. Parkplätze sind ausreichend vorhanden.

In dem kleinen Ort Sfinari geht es noch sehr beschaulich zu. Es gibt einen kleinen Minimarkt, der die einheimische Bevölkerung sowie die vorbeikommenden Touristen mit dem Nötigsten versorgt. Die einheimische Bevölkerung lebt großteils von der Landwirtschaft oder dem Fischfang. Der Tourismus spielt hier noch keine große Rolle. Nur wenige Touristen machen auf der Fahrt von oder nach Elafonisi einen Abstecher hier her. Wer sich eine kleine Auszeit in einer Taverne in traumhafter Lage gönnen möchte, ist hier genau richtig. Eine Oase der Ruhe mit natürlichen Schattenplätzen direkt am Meer.

Restauranttipp:
Abends ist es in einer der drei Tavernen am Strand von Sfinari besonders schön, wenn man leckeren Fisch bei traumhaften Sonnenuntergängen genießen kann.

Strand:
Der Strand in Sfinari ist sehr grobkieselig und daher zum Baden nur bedingt geeignet. Wer in den Tavernen etwas isst oder trinkt, kann die dazugehörigen Liegestühle und Sonnenschirme gratis nutzen. Schöne Sandstrände zum Baden gibt es im etwa 11 km nördlich gelegenen Falasarna (9) oder am ca. 38 km südlich gelegenen Strand von Elafonisi (12)

Hinweise:
- Fischtavernen in traumhafter Lage
- Mittleres-gehobenes Preisniveau in den Tavernen am Strand
- Es werden auch Zimmer im Ort vermietet
- Ein idealer Ort um die Ruhe zu genießen
- Der Strand ist sehr grobkieselige

Gut zu verbinden mit: 6, 7, 8, 9, 11, 12, 13

Panoramastraße zwischen Platanos und Elafonisi

(11)

Kurzbeschreibung:
Beeindruckende Küstenstraße mit immer wieder überwältigenden Ausblicken auf die Küste und schönen Bademöglichkeiten.

Anfahrt: (GPS: 35°22'07,06" N und 23°33'34,27" E)
Ausgangspunkt der Panoramastraße an der Westküste ist Platanos im Norden der Insel. Von hier geht es weiter über Vrises - Sfinari - Kambos - Keramoti - Amigdalokefali - Papadiana - Vathi - Plokamiana bis zum Strand von Elafonisi im Südwesten. Für die ca. 45 km lange Strecke sollte ca. 1 Std. reine Fahrtzeit eingeplant werden. Auf der gesamten Strecke von Platanos bis zum Strand von Elafonisi gibt es zahlreiche Stellen, von denen man aus traumhafte Ausblicke auf die Küste und Bergdörfer entlang der Strecke genießen kann.

Tipp:
Besonders abends ist die Fahrt ein echtes Highlight, wenn die Sonne im Meer versinkt. Planen Sie genug Zeit ein, um die untergehende Sonne in Ruhe von einer schönen Stelle aus beobachten zu können.

Restauranttipp:
Auf der Fahrt entlang der Küste lohnt ein Stopp im kleinen Küstenort Sfinari. Dort gibt es drei Fischtavernen in herrlicher Lage mit natürlichen Schattenplätzen direkt am Meer (10).

Ausflugstipp:
Die Tour kann gut mit einem Besuch des Klosters Moni Chrissoskalitissa verbunden werden. Zum Kloster biegt eine Straße ca. 5 km vor Elafonisi nach rechts ab. Der Legende nach besteht eine der 99 Treppenstufen, die zum Kloster hinauf führen, aus purem Gold. Sehen kann sie aber nur derjenige, der frei von Sünde ist. Vom Kloster, das noch von einem Mönch bewohnt wird, bietet sich ein fantastischer Panoramablick über die Küste. Im Kloster gibt es ein kleines volkskundliches Museum mit unregelmäßigen Öffnungszeiten. Zahlreiche Ikonen können dort besichtigt werden.

Geschichte:
Während des Zweiten Weltkriegs diente das Kloster Moni Chrissoskalitissa den alliierten Soldaten als Versteck, bis sie per Schiff vor der deutschen Wehrmacht nach Ägypten fliehen konnten. Im Jahre 1943 wurde das Kloster von den deutschen Truppen besetzt und in ein Gefängnis umfunktioniert.

Strandtipps:
- Strände von Falasarna (9)
- Strand von Elafonisi (12)
- Zedern-Wacholderstrand (13)

Gut zu verbinden mit: 6, 7, 8, 9, 10, 12, 13

Strand von Elafonisi

12

Kurzbeschreibung:
Touristischer Traumstrand mit Südseefeeling.

Anfahrt: (GPS: 35°16'19,44" N und 23°32'32,88" E)
Im Südwesten Kretas gelegen, ist dieser Traumstrand über die Panoramastraße von Platanos nach Elafonisi (11) zu erreichen. Am Ende der Küstenstraße ist der Weg zum Strand beschildert.

Der Strand von Elafonisi ist einer der Traumstrände schlechthin auf Kreta. Zusammen mit der vorgelagerten Insel steht Elafonisi unter Naturschutz. Bitte schützen Sie die Natur und verlassen Sie die markierten Wege nicht. Der Strandbereich auf dem Festland ist sehr touristisch. Etwas ruhiger geht es auf der vorgelagerten Insel Elafonisi zu. Durch das oberschenkeltiefe Wasser kann man zur Insel hinüber waten. Strandbars, Liegen, Sonnenschirme sowie Toiletten gibt es auf der Insel nicht. Dafür aber Dünen, kleine Sandbuchten und klares türkisfarbenes Wasser.

Tipp:
Auf der Insel Elafonisi können Sie herrliche Strandspaziergänge unternehmen. Je weiter man läuft, desto einsamer wird es. Am Strand auf der Insel stehen immer wieder scharfkantige Steine hervor. Hier ist Vorsicht beim Laufen geboten. Am Ende der Dünen wird es felsig. Hier zweigt ein Pfad, der nur noch mit festen Schuhen begehbar ist, nach rechts ab. Er windet sich durch den Fels bis zu einem Leuchtturm an der gegenüberliegenden Inselseite. Von hier führt der Pfad wieder in entgegengesetzte Richtung an einer kleinen Kapelle vorbei bis zu einem weithin sichtbaren Holzkreuz. Dieses erinnert an eine Tragödie aus dem Jahre 1907, als ein Segelschiff an den Felsen zerschellte.

Hinweise:
- Feiner Sandstrand
- Sonnenschirm- und Liegenverleih
- Mehrere Strandbars
- Toiletten und Duschen am Strand
- Traumstrand in flacher Lagunenumgebung
- In den Sommermonaten sehr touristisch und überlaufen

Einkaufstipp:
Schöne handgefertigte Souvenirs und Kunstobjekte, die meist aus Olivenholz hergestellt werden, gibt es auf der Fahrt nach Elafonissi im ca. 20 km nördlich gelegenen Ort Elos bei Tsouris Manolis, einem echten Original auf Kreta.

Restauranttipp:
Im ebenfalls ca. 20 km nördlich gelegenen Ort Elos befindet sich schräg gegenüber dem oben beschriebenen Souvenirladen von Tsouris Manolis die traditionelle und familiär geführte Taverne „Filoxenia“, die mit leckeren Speisen überzeugt.

Gut zu verbinden mit: 6, 7, 9, 10, 11, 13, 14, 15, 16

Zedern-Wacholderstrand

13

Kurzbeschreibung:
Ein echter Geheimtipp unter den Stränden. An dem noch wenig bekannten Strand kann man sich fühlen wie Robinson Crusoe.

Anfahrt: (GPS: 35°16'19,35" N und 23°33'34,37" E)
Der Strand befindet sich im äußersten Südwesten von Kreta. Von Kissamos aus fährt man nach Platanos und folgt der Panoramastraße (11) bis ca. 1 km vor Elafonisi. Hier zweigt links eine unbefestigte Straße Richtung Paleochora ab. Dieser Straße folgt man ca. 2 km und hält sich rechts, statt weiter in Richtung Paleochora zu fahren. Ein unbefestigter Feldweg führt an Gewächshäusern vorbei, bis er an einem kleinen Parkplatz oberhalb der Küste endet. Ab hier müssen die letzten ca. 300 m zu Fuß bergab zum Zedern-Wacholderstrand zurückgelegt werden. Der Strand befindet sich ca. 2 km östlich vom bekannten Elafonisi Strand (12) und ist auch von dort über eine Küstenwanderung auf dem ausgeschilderten E4-Europafernwanderweg (schwarzgelbe Markierungen) zu erreichen.

Bei diesem Strand handelt es sich um einen grandiosen, noch intakten Naturstrand auf Kreta. Hier kann man tagsüber im türkisblauen Wasser baden und abends wunderschöne Sonnenuntergänge beobachten. Damit das auch noch lange so bleibt, die Bitte an alle Reisenden, diesen besonderen Ort entsprechend zu schützen. Bitte am Strand nichts hinterlassen, außer die Fußabdrücke im Sand und lediglich die schönen Eindrücke mitnehmen, sonst nichts! Kein Feuer am Strand machen und keine Äste der Zedern und Wacholderbüsche abbrechen. Diese Pflanzen wachsen nur fünf bis sieben Millimeter im Jahr. Die Vegetation an diesem Strand ist mehrere hundert Jahre alt.

Wandertipp:
Von Elafonisi kann man eine tolle Küstenwanderung auf dem E4-Wanderweg bis zum Kap Krios und zurück unternehmen. In Elafonisi läuft man an der Bootsanlegestelle vorbei in östliche Richtung. Schon kurz nach Elafonisi führt der schwarzgelb markierte Pfad an der Küste durch ein wildes Felslabyrinth, an das nach ca. 2 km dieser schöne Zedern-Wacholderstrand anschließt. Der Pfad führt weiter an der Küste entlang, an der weißen Kapelle Agios Joannis vorbei bis zum Kap Krios, von dem aus man eine schöne Aussicht hat.

Hinweise:
- Feiner Sandstrand mit türkisfarbenem Wasser
- Natürliche Schattenplätze
- Kein Sonnenschirm- und Liegenverleih
- Keine Strandbars
- Keine Toiletten am Strand

Gut zu verbinden mit: 6, 7, 9, 10, 11, 12, 14, 15, 16

Küstenort Paleochora

14

Kurzbeschreibung:
Bei Individualtouristen beliebter Urlaubsort auf einer schmalen Landzunge mit tollen Stränden im Ort und in der Umgebung.

Anfahrt: (GPS: 35°13'43,25" N und 23°40'47,00" E)
Durch die fast 2.500 m hohen weißen Berge im Süden der Insel, mit den tief eingeschnittenen Schluchten, ist eine Anfahrt entlang der Südküste von Osten kommend nicht möglich. Der Teil westlich der Samaria-Schlucht ist mit dem Auto nur über den Nordteil Kretas zu erreichen. Von Chania kommend ist Paleochora am besten über Maleme, Voukolis und Kandanos in ca. 75 Min. Fahrtzeit mit dem Auto zu erreichen.

Die Lage des Ortes auf der schmalen Landzunge verleiht dem Ort ein einzigartiges Flair, das vor allem Langzeiturlauber, Aussteiger und Individualreisende anzieht. Morgens kann man die Morgensonne beim Frühstück in einem Café an der Ostseite der Landzunge genießen und abends den Tag in einer netten Taverne bei Sonnenuntergang an der Westseite der Halbinsel ausklingen lassen. Durch die vielen Tavernen, Restaurants und Shops kann man auch herrlich durch die Sträßchen bummeln.

Unterkunftstipp:
Das familiär geführte und gepflegte Hotel Aris mit schönem Garten liegt am Ende der Landzunge am Ortsrand von Paleochora.
www.arishotel.net Tel.: +30 28230 41502

Strandempfehlungen:
An der Westseite der Landzunge gibt es einen schönen breiten Sandstrand im Ort, der zum Sonnen und Baden einlädt. Liegen und Sonnenschirme werden während der Saison vermietet. Am Strand sind Duschen vorhanden. Wer die Morgensonne genießen möchte, findet auf der Ostseite der Landzunge einen Kiesstrand. Auch hier werden während der Saison Liegen und Sonnenschirme vermietet.

Weitere schöne Strände gibt es in der Umgebung:
- Grammeno Beach ca. 5 km westlich (Sandstrand)
- Anidri Beach (15) ca. 4 km östlich (Kiesstrand)
- Gialiskari Beach (16) ca. 4,5 km östlich (Sandstrand)

Restauranttipp:
Wer ein besonders schönes Plätzchen sucht, um den Sonnenuntergang zu genießen, der sollte die westliche Strandpromenade hinaus bis auf die Anhöhe auf der Landzunge laufen. Etwas außerhalb vom Zentrum befindet sich hier die Café-Bar „Castello“ mit einer Terrasse in herrlicher Lage. Von hier hat man einen grandiosen Blick auf das Meer, den Strand und die Uferpromenade.

Gut zu verbinden mit: 6, 12, 13, 15, 16, 17

Anidri Beach

15

Kurzbeschreibung:
Schöner, abgelegener Kiesstrand auf kleiner Landzunge mit einer kleinen Strandbar.

Anfahrt: (GPS: 35°14'17,14" N und 23°43'02,36" E)
Von Chania kommend ist Paleochora (14) am besten über Maleme, Voukolis und Kandanos in ca. 75 Min. Fahrtzeit mit dem Auto zu erreichen. Um zum Strand zu gelangen, muss man in Paleochora von der östlichen Uferpromenade aus die Küstenstraße Richtung Osten fahren. Ca. 2 km außerhalb von Paleochora macht die Straße eine scharfe Linkskurve und führt ins Landesinnere. Wenige Meter nach diesem Linksknick zweigt eine kleine Küstenstraße nach rechts ab. Ab hier führt eine ca. 2 km lange, staubige und unbefestigte Piste nach Osten, bis der Anidri Beach hinter einem Bergvorsprung erscheint. Dieser staubige Streckenabschnitt ist auch Teil des E4-Fernwanderwegs, der von Paleochora nach Sougia führt.

Am grobkieseligen Anidri Beach geht es auch im Hochsommer meist recht ruhig zu. Eine kleine Strandbar ist in den Sommermonaten geöffnet. Während der Saison werden Sonnenschirme und Liegen am Strand vermietet. Wem der Strand zu kieselig ist, der findet ca. 500 m weiter östlich den schönen Sandstrand Gialiskari Beach (16) oder alternativ den 5 km westlich von Paleochora gelegenen Grammeno Beach beim Ort Gialos.

Ausflugstipp:
Von Paleochora lohnt ein Ausflug zur ca. 60 km entfernten Insel Gavdos, mit dem geografisch südlichsten Punkt Europas. Die Insel wird vor allem von Individualreisenden wegen der schönen Sandstrände besucht. Die Fähre legt 2-5 mal pro Woche (je nach Jahreszeit) morgens zwischen 8:30 und 9:00 Uhr von Paleochora nach Gavdos ab. Die genauen Abfahrtszeiten können am Hafen erfragt werden. Um die Insel ohne Zeitdruck genießen zu können, empfiehlt es sich, einige Tage auf der Insel zu verbringen. Es gibt mehrere kleine und einfache Zimmer zu mieten. Die schönsten Strände auf Gavdos befinden sich an der Nordküste der Insel. Besonders reizvoll sind die Dünenstrände Lavrakas Beach an der Nordspitze und Potamos Beach im Nordwesten der Insel Gavdos. Ein Inselbus bringt Einheimische und Touristen zu den Stränden oder Orten auf der Insel.

Restaurant- und Unterkunftstipp:
Ein echter Geheimtipp ist das Kafenio „Sto Scolio" in der Ortsmitte von Anidri. Es befindet sich im alten Schulhaus, in dem schon Wirt Christos zur Schule ging. Man sitzt wunderschön unter einem Schatten spendenden Baum im ehemaligen Schulhof und kann sich mit griechischen Spezialitäten verwöhnen lassen. Es werden 4 neu gebaute Ferienhäuser in toller Lage vermietet.
www.christosplace.gr Tel.: +30 28230 42200

Gut zu verbinden mit: 6, 12, 13, 14, 16, 17

Gialiskari Beach

16

Kurzbeschreibung:
Schöner Sandstrand am E4-Europafernwanderweg zwischen Paleochora und Sougia.

Anfahrt: (GPS: 35°14'18,94" N und 23°43'14,20" E)
Von Chania kommend ist Paleochora am besten über Maleme, Voukolis und Kandanos in ca. 75 Min. Fahrtzeit mit dem Auto zu erreichen. Um zum Strand zu gelangen, muss man in Paleochora von der östlichen Uferpromenade aus die Küstenstraße Richtung Osten fahren. Ca. 2 km außerhalb von Paleochora macht die Straße eine scharfe Linkskurve und führt ins Landesinnere. Wenige Meter nach diesem Linksknick zweigt eine kleine Küstenstraße nach rechts ab. Ab hier führt eine ca. 2,5 km lange, staubige und unbefestigte Piste nach Osten am Anidri Beach (15) vorbei, bis die Küstenstraße am Gialiskari Beach endet.

Der ca. 200 m lange mit Kieselsteinen durchsetzte Sandstrand liegt etwas versteckt hinter Tamarisken. In den Sommermonaten gibt es eine schöne Strandbar mit natürlichen Schattenplätzen, in der neben Getränken auch kleine Gerichte wie Salate oder Souvlaki angeboten werden. Einen Liegen- und Sonnenschirmverleih gibt es ebenfalls. Toiletten sind hinter der Strandbar vorhanden. Direkt am Strand schlängelt sich der E4- Europafernwanderweg an der Küste entlang Richtung Sougia. Hier können schöne Küstenwanderungen unternommen werden.

Wandertipp:
Wanderfreunde können eine Küstenwanderung auf dem E4-Wanderweg von Paleochora nach Sougia unternehmen. Für die ca. 16 km lange Strecke benötigt man ca. 5 Std. reine Gehzeit. Es gibt mehrere Bademöglichkeiten an verschiedenen Küstenabschnitten während der Wanderung. Da es fast auf der gesamten Strecke keine Schattenplätze gibt, unbedingt genug Wasser und Sonnenschutz mitnehmen. Ein Start früh morgens, wenn es noch nicht zu heiß ist, ist für diese Tour am besten geeignet.

Die erste Stunde läuft man von Paleochora aus die links beschriebene staubige Küstenstraße am Anidri Beach (15) vorbei bis zum Gialiskari Beach. Ab hier windet sich ein Pfad durch wilde Macchia die Felsküste entlang Richtung Osten. Zahlreiche schwarzgelbe Markierungen weisen den Weg, bis man nach weiteren 1,5 Std. das Kap Flomes erklommen hat. Von hier geht es weiter zu den antiken Ausgrabungen von Lissos. Zu sehen gibt es neben einem Mosaikboden auch in Stein gemeißelte Schriften, kleine Kapellen, römische Grabkammern und andere Überreste der heiligen Stätte. Von hier ist es noch ca. 1 Std., bis man durch eine Schlucht, die am Hafen von Sougia endet, das Ziel erreicht. Von Sougia aus kann man mit dem Boot zurück nach Paleochora fahren.

Gut zu verbinden mit: 6, 12, 13, 14, 15, 17

ALOHA · · · PLIE

Küstenort Sougia

17

Kurzbeschreibung:
Kleiner, bei Individualreisenden beliebter Küstenort in abgeschiedener Lage, von dem aus tolle Wanderungen möglich sind.

Anfahrt: (GPS: 35°14'54,32" N und 23°48'39,14" E)
Von Chania kommend fährt man am besten in südlicher Richtung über Fournes, Lakki bis nach Omalos auf der Omalos-Hochebene. Am Ende der Hochebene zweigt rechts eine Straße ab. Dieser Straße folgt man vorbei am Einstieg in die Agia Irini-Schlucht, bis die Straße an einer T-Kreuzung endet. Hier biegt man links ab und fährt durch die Lefka Ori über Kambanos nach Sougia. Die Strecke führt durch eine beeindruckend wilde Berglandschaft und ist an sich schon einen Ausflug wert.
In Sougia leben knapp über 100 Einwohner. In den Sommermonaten kommen oft nochmal doppelt soviele Touristen dazu.

Durch die Lage direkt am Lybischen Meer, umgeben von tiefen Schluchten und hohen Bergen, gibt es keine größeren Städte oder Dörfer in der Gegend. In Sougia gibt es keine Tankstelle. Wer mit dem Auto nach Sougia fährt, sollte unbedingt genug Sprit im Tank haben. Durch die Langsamkeit, die in Sougia herrscht, hat der Ort eine ganz besondere Atmosphäre. Im Ort gibt es kleine Minimärkte sowie verschiedene Bars und Tavernen, die sich um das Wohl der Gäste und Einwohner kümmern. In den Sommermonaten gibt es noch 2 Diskotheken. Von Massentourismus ist hier weit und breit keine Spur. Sehenswert im Ort ist die Dorfkirche, die auf den Überresten einer Kirche aus dem 6 Jh. gebaut ist und so zu dem schönen antiken Mosaikboden kam. Die Kirche ist meist verschlossen, der Schlüssel kann aber bei einem älteren Ehepaar neben der Taverne „Rebetiko" geholt werden. Im Ort gibt es einen breiten Sandkiesstrand mit Strandduschen. Am Ostende vom Hauptstrand gibt es einen weiteren kleinen Strand, der vom Hauptstrand durch einen kleinen Felsvorsprung getrennt ist. Hier wird meist nackt gebadet. Sougia ist ein idealer Ort für Ruhesuchende und Wanderfreunde. Von hier lassen sich tolle Schluchten-, Küsten- und Bergwanderungen unternehmen.

Wandertipp:
Eine Wanderung durch die Agia Irini-Schlucht, ist eine schöne Alternative zur oft überlaufenen Samaria-Schlucht. Hierzu fährt man am besten früh morgens mit dem Bus von Sougia Richtung Chania und steigt am Schluchteingang wieder aus. Die Wege durch die Schlucht sind recht gut ausgebaut. Das letzte Stück bis Sougia führt an der Straße entlang. Dauer der beschriebenen Strecke ca. 4 Std. Gehzeit. Alternativ kann man von der Omalos Hochebene zur Kallergi-Hütte aufsteigen oder am antiken Lissos vorbei nach Paleochora wandern (14).

Gut zu verbinden mit: 14, 15, 16

ΙΩΑΝΝΗΣ ΔΑΣΚΑΛΟΓΙΑΝΝΗΣ

Bergdörfer Anopolis und Aradena

18

Der Westen

Kurzbeschreibung:
Schöne Strecke über Serpentinen und eine abenteuerliche Brücke zu den Bergdörfern Anopolis und Aradena.

Anfahrt: (GPS: 35°13'22,82" N und 24°03'42,49" E)
In Chora Sfakion (21) muss man die Küstenstraße Richtung Westen fahren. Bereits wenige Kilometer nach dem Ort beginnt der Anstieg über eine neu gebaute Passstraße in die Berge. Hier fährt man immer der Hauptstraße entlang, bis man zuerst nach Anopolis kommt und dann über die abenteuerliche Brücke der Aradena-Schlucht den verlassenen Ort Aradena erreicht. Die Straße endet in Agios Joannis und muss in gleicher Weise zurück gefahren werden.

Highlight der Fahrt ist die Bailey Brücke über die Aradena-Schlucht. Die Brücke wurde 1986 von einer ursprünglich aus Agios Joannis stammenden reichen Familie gespendet. Die Überquerung der Brücke macht durch die Holzbalkenfahrbahn einen Höllenlärm und ist auch beim Durchwandern der Aradena-Schlucht immer wieder zu hören. Für nicht Schwindelfreie ist die Überquerung der Brücke etwas heikel. Von der Brücke aus sieht man auf der rechten Seite den Pfad, der in die Schlucht hinab und an der anderen Seite wieder hinauf führt. Dieser Pfad war lange Zeit die einzige Verbindung durch die Schlucht nach Aradena und Agios Joannis. Achtung: Es wurden schon an der Brücke abgestellte Autos aufgebrochen!

Geschichte:
Aus dem nahegelegenen Ort Anopolis stammt Daskalogiannis, einer der bedeutensten Widerstandskämpfer gegen die Türken. Er war Sohn eines reichen Schiffsreeders, der ihn zur Ausbildung ins Ausland geschickt hatte. Durch sein Wissen nannte man ihn Daskalogiannis, Giannis der Lehrer. Er hatte Kontakte zu den Russen, die zur damaligen Zeit gegen die Türken im Krieg waren. Mit Unterstützung der Russen wollte Daskalogiannis gegen die Türken kämpfen. Er organisierte mit 2000 Kretern einen Aufstand und stattete die Kreter auf eigene Kosten mit Waffen aus. So vertrieb er die Türken aus der Region um Chora Sfakion. Die schwer zugängliche Samaria-Schlucht diente den Aufständischen dabei als Versteck und Stützpunkt. Die ortskundigen Kreter waren den Türken oft einen Schritt voraus und fügten ihnen große Verluste zu. Als die von den Russen zugesagte Unterstützung ausblieb und der Pascha von Chania den Aufstand gewaltsam mit seinen Soldaten beendete, verschanzte sich Daskalogiannis mit ca. 70 Widerstandskämpfern in der Festung Frangokastello. Unter Vortäuschung von Bereitschaft zur Friedensverhandlung, wurde er vom türkischen Pascha nach Iraklion gelockt und dort öffentlich vor den Augen seines Bruders am 17. Juni 1771 gehäutet. Sein Bruder hat daraufhin den Verstand verloren. In Anopolis erinnert ein Denkmal an „Giannis den Lehrer“.

Gut zu verbinden mit: 19, 20, 21, 22, 23, 24, 29, 30

Küstenort Loutro

19

Kurzbeschreibung:
Romantischer, kleiner Küstenort in einer malerischen Bucht am Lybischen Meer. Loutro kann nur durch eine Wanderung oder per Boot erreicht werden. Keine Zufahrtsstraße vorhanden.

Anfahrt: (GPS: 35°11'54,13" N und 24°04'45,07" E)
Loutro liegt idyllisch und geschützt in einer Bucht an der Südküste. Da der Ort eingeschlossen zwischen der Samaria-Schlucht im Westen und der Imbros-Schlucht im Osten liegt, ist er per Auto nicht zu erreichen. Nach Loutro gelangt man nur durch eine Wanderung (20) oder per Boot ab Paleochora (14), Sougia (17), Agia Roumeli oder Chora Sfakion (21). Da sich die Abfahrtszeiten ändern können, sollte man diese am besten in einem der Häfen erfragen oder im Internet nachschauen.

Fahrplan: http://www.sfakia-crete.com/sfakia-crete/ferries.html

Es gibt auch Taxiboote, die die zahlenden Gäste von Loutro aus zu den umliegenden Buchten, Stränden oder benachbarten Orten bringen. Die Preise sind jedoch wesentlich höher als mit den Fähren. Wer Loutro mit dem Schiff verlassen möchte, sollte sich rechtzeitig am Hafen oder im Internet über die Abfahrtszeiten informieren. Das letzte Schiff Richtung Chora Sfakion legt meist gegen 17:30 Uhr in Loutro ab. An- und Ablegestelle ist am Ortsende. Tickets können auf dem Boot gekauft werden.

Alles geht beschaulich zu in dem bei Individualtouristen beliebten Küstenort mit ca. 50 Einwohnern. Es gibt schön gelegene Tavernen an der kleinen Strandpromenade, die großteils auch Zimmer vermieten. Der ideale Ort, um die Seele baumeln zu lassen, zu entspannen und den Duft von über dem Holzkohlegrill gegrilltem Fleisch zu genießen.

Wandertouren ab Loutro:
- Küstenwanderung von Loutro nach Agia Roumeli (ca. 7 Std.)
- Küstenwanderung von Ag. Joannis nach Roumeli (ca. 3 Std.)
- Wanderung von Loutro ins Bergdorf Anopolis (ca. 1,5 Std.)
- Wanderung durch die Aradena-Schlucht (ca. 4 Std.)
- Küstenwanderung von Loutro nach Chora Sfakion (20)

Strandempfehlungen:
- Sweet Water Beach. Zu erreichen nach ca. 1 Std. Wanderung auf dem E4-Fernwanderweg in östlicher Richtung. An dem Strand mischen sich Salz- und Süßwasser.
- Badebuchten Finix und Lykos in westlicher Richtung
- Marmara-Bucht (Marmorbucht). Zu erreichen nach ca. 1,25 Std. Wanderung in westlicher Richtung. Hier beginnt der Einstieg in die Aradena-Schlucht.

Gut zu verbinden mit: 18, 20, 21, 22

Küstenwanderung von Chora Sfakion nach Loutro (20)

Kurzbeschreibung:
Eine der schönsten Küstenwanderungen auf Kreta.

Anfahrt: (GPS: 35°12'10,28" N und 24°08'06,82" E)
Ausgangspunkt für die Wanderung ist der Ortsausgang von Chora Sfakion in Richtung Anopolis. Kurz vor dem Ortsausgang Chora Sfakion kann man das Auto parken. Diese Wanderung beginnt mit einem kleinen Aufstieg in die Berge zur Höhlenkirche Agios Antonius (ca. 5 Min. Aufstieg).

Nach dem Abstieg von der Höhlenkirche führt der zweite Teil der Wanderung an der Passstraße von Chora Sfakion nach Anopolis entlang. Mit herrlichen Ausblicken auf das Meer mit seinem smaragdblauem Wasser verlässt man nach ca. 30 Min. die Passstraße und biegt in einer Kehre nach links auf einen Trampelpfad des Europafernwanderwegs E4 ab. Diese Stelle ist mit einem Schild „Sweet Water Beach E4" markiert.

Von hier windet sich ein schmaler Pfad in ca. 30 m Höhe den Steilhang entlang. Immer wieder bieten sich grandiose Ausblicke auf das in den verschiedensten Blautönen gefärbte Meer. Nach kurzer Zeit erreicht man eine besonders felsige Stelle, in der der Pfad in den Fels gehauen ist. Links fällt die Felswand fast senkrecht ins Meer, eine für nicht Schwindelfreie etwas heikle Stelle. Es geht weiter durch Fels- und Geröllhalden, bis man nach ca. 30 Min. den Sweet Water Beach erreicht. Gräbt man dort ein Loch am Strand, füllt es sich mit Süßwasser. Daher der Name Sweet Water Beach.

Man verlässt den Sweet Water Beach durch einen Aufstieg an der gegenüberliegenden Strandseite und findet zur Überraschung eine völlig andere Vegetation vor. Zahlreiche Büsche und Kräuter säumen den schmalen Pfad. Nach ca. 30 Min. erreicht man die kleine weiße Kapelle Timios Stavros.

Die letzte Etappe dieser Wanderung führt in ca. 1 Std. nach Loutro. Von der Kapelle geht es weiter am Meer entlang, an kleinen Buchten vorbei, bis der Pfad wieder ansteigt und man kurz vor dem Ziel mit einem tollen Ausblick auf Loutro belohnt wird.

Hinweise:
- Reine Gehzeit bis Loutro: ca. 3 Std.
- Schwierigkeitsgrad: mittel
- Enthält für nicht Schwindelfreie kritische Stellen
- Kennzeichnung: Gelbschwarze E4-Markierungen
- Wanderschuhe, Wasser und Sonnenschutz erforderlich
- Kaum Schattenplätze auf der gesamten Strecke
- Rückfahrt per Boot ab Loutro, letzte Abfahrt ca. 17:30 Uhr

Gut zu verbinden mit: 18, 19, 21, 22, 23, 24

Küstenort Chora Sfakion

21

Kurzbeschreibung:
Kleiner Küstenort mit ca. 280 Einwohnern, der sich gut als Ausgangspunkt für Bootstouren und Wanderungen eignet.

Anfahrt: (GPS: 35°12'04,32" N und 24°08'11,34" E)
Von Chania aus fährt man die Küstenstraße Richtung Osten und biegt in Vrisses (23) rechts ab, um über die Askifou-Hochebene (22) zur Südküste zu gelangen. Das letzte Stück dieser schönen Strecke führt in zahlreichen Serpentinen mit herrlichen Ausblicken auf die Küste nach Chora Sfakion.

Im Ort gibt eine kleine Uferpromenade mit einigen Tavernen. Etwas abseits hinter dem kleinen Berg mit der Festungsruine aus venezianischer Zeit befindet sich der Fischerhafen.
In ca. 5 Min. Aufstieg zu erreichen liegt die Höhlenkirche Agios Antonius oberhalb von Chora Sfakion. Der Einstieg zum Aufgang liegt am Ortsende Richtung Anopolis auf der rechten Seite. Zahlreiche Treppen aus weißen Stufen führen hinauf zur kleinen Höhlenkirche.

Mehrmals täglich fahren Schiffe von Chora Sfakion nach Loutro - Agia Roumeli - Sougia - Paleochora - Elafonisi. Tickets können am Hafen oder auf dem Boot gekauft werden. Die Abfahrtszeiten können am Hafen erfragt werden oder auf der bei (19) angegebenen Internetseite eingesehen werden.

Geschichte:
Nach dem Überfall deutscher Truppen auf Kreta flüchteten die Soldaten der Alliierten Truppen über die Askifou-Hochebene in Eilmärschen vom 28.05.1941 bis 01.06.1941 durch die Imbros-Schlucht nach Chora Sfakion, wo sie an Bord von eilig zusammengezogenen Schiffen nach Afrika evakuiert wurden. Mehrere tausend Soldaten konnten nicht rechtzeitig evakuiert werden und gerieten in Chora Sfakion in deutsche Gefangenschaft.

Wandertouren ab Chora Sfakion:
- Küstenwanderung von Chora Sfakion nach Loutro (20)
- Wanderung durch die Imbros-Schlucht (22)

Aussichtstipp:
Einen besonders schönen Blick auf den Ort und die Küste hat man vom Café „Thea“ oberhalb des Fischerhafens. Schöne Sonnenuntergänge kann man in der sonst recht einfachen Taverne „Three Brothers“ am Westende im Ort genießen.

Ausflugstipp:
Zwischen Mai und Oktober fahren Schiffe ein- bis dreimal pro Woche von Chora Sfakion zur ca. 40 km vorgelagerten Insel Gavdos mit herrlichen Stränden (15).

Gut zu verbinden mit: 18, 19, 20, 22, 23, 24, 29, 30

60

Hochebene von Askifou (22)

Kurzbeschreibung:
Im Frühjahr eine grüne Oase, die gut als Ausgangspunkt für Wanderungen in die Umgebung genutzt werden kann.

Anfahrt: (GPS: 35°17'49,46" N und 24°11'28,23" E)
Die malerische Hochebene liegt zwischen Vrisses (23) im Norden und Chora Sfakion (21) im Süden auf ca. 700 m Höhe eingebettet in die Lefka Ori, die weißen Berge. Die griechisch-orthodoxe Kirche Agios Manolis nahe dem Ort Kares ist ein echter Blickfang auf der Hochebene. Die Strecke von Vrisses, über die Hochebene an die Südküste nach Chora Sfakion, ist durch das satte Grün der Felder im Frühjahr besonders schön.

Wandertipp:
Wanderung durch die Imbros-Schlucht. Für die Wanderung wird das Auto im Ort Imbros am südlichen Ende der Hochebene geparkt. Der Einstieg in die Schlucht ist beschildert und kostet 2 € Eintritt. Die recht einfache Wanderung ist auch für Kinder geeignet. Der Weg durch die Schlucht führt in ca. 3 Std. durch ein steiniges Flussbett bergab bis in den Ort Komitades. Von dort kann man nach weiteren ca. 2 km in westlicher Richtung die Bushaltestelle an der Passstraße nach Imbros erreichen, um mit dem Bus nach Imbros zurückzufahren. Alternativ kann man sich von einem Taxi nach Imbros bringen lassen (Kosten ca. 20 €). Da diese Wanderung auch von vielen Reiseveranstaltern angeboten wird, sind während der Hauptsaison entsprechend viele Wanderer in der Schlucht unterwegs. Bis zum Zweiten Weltkrieg war der Weg durch die Schlucht der einzige Zugang zur Südküste von der Askifou-Hochebene.

Wandertipp:
Von Vrisses (23) kommend am Beginn der Hochebene sieht man die Ruinen eines alten türkischen Kastells auf einem Berg. Das Auto kann ca. 1,5 km vor der Abzweigung in den Ort Kares auf der Passhöhe neben einem Schotterweg abgestellt werden. Der Weg zum Kastell ist nicht markiert und etwas schwierig zu finden. Nach ca. 45 Min. Wanderung erreicht man das Kastell und kann einen herrlichen Blick auf die Hochebene genießen.

Restauranttipp:
Am Ende der Imbros-Schlucht lohnt eine Rast im Ort Komitades auf der Terrasse in der kunstvoll blauweiß gestrichenen Taverne „Ostria" mit den Orangensaftgläsern auf den Tischen. Der ideale Ort für eine kleine Auszeit bei einem frisch gepressten Orangensaft.

Einkaufstipp:
Direkt an der Durchgangsstraße auf der Askifou-Hochebene befindet sich in der Nähe der Tankstelle eine Bäckerei mit der Aufschrift „Traditional Bakery". Die Mandelkekse „Almond Cookie" sollte man hier unbedingt probieren.

Gut zu verbinden mit: 18, 19, 20, 21, 23, 24, 29, 30

Ort Vrisses

23

Kurzbeschreibung:
Ursprüngliches Dorf mit Kafenia, einer tollen Konditorei sowie einigen Tavernen an einem meist ausgetrockneten Flussbett.

Anfahrt: (GPS: 35°22'33,06" N und 24°12'03,97" E)
Der Ort Vrisses liegt ca. 27 km westlich von Rethimnon und ca. 30 km östlich von Chania an der Nordküste Kretas. Ein Abstecher nach Vrisses lässt sich gut mit einer Fahrt an die Südküste verbinden. Hierbei handelt es sich um eine besonders schöne Straße durch die Berge und über die Askifou-Hochebene (22) mit tollen Aussichtspunkten während der Abfahrt zur Südküste. Diese Strecke ist zudem die kürzeste Nordsüd-Verbindung im Westen Kretas.

Mehrere Kafenia entlang der Hauptstraße prägen das Ortsbild. In diesen einfachen und traditionellen Kaffeehäusern treffen sich die meist älteren männlichen Dorfbewohner, um zu diskutieren, ihren griechischen Kaffee zu trinken, Backgammon zu spielen oder einfach dem Treiben im Dorf zuzusehen. Kretische Frauen wird man, wenn überhaupt, meist nur als Bedienung in einem Kafenion sehen. Neben Getränken werden hier nur kleine Appetithäppchen angeboten. Bei einer Ouzeria hingegen werden zum Wein oder anderen Getränken verschiedene Vorspeisen, die meist selbst zubereitet sind, angeboten. Bei einer Taverne handelt es sich um einfaches Restaurant mit verschiedenen Speisen.

Am Hauptplatz im Ort befindet sich eine große Brücke, die über ein meist ausgetrocknetes Flussbett führt. An der Brücke, an der sich zwei Flüsse vereinen, gibt es mehrere Tavernen mit Sitzplätzen in herrlicher Lage unter großen schattenspenden Bäumen. Bekannt ist Vrisses auch für seinen Joghurt. Dieser wird als Naturjoghurt oder auch mit Honig und Nüssen serviert.

Einkaufstipp:
Gleich neben der Brücke in der Ortsmitte befindet sich eine sehr schöne Konditorei. Beim Anblick der angebotenen Köstlichkeiten kann einem das Wasser im Munde zusammen laufen.

Unterkunftstipp:
Etwa 5 km nördlich von Vrisses liegt das „Vamos traditional Village“. Hierbei handelt es sich um traditionelle Häuser, die renoviert und zu Ferienunterkünften umgebaut wurden.
www.vamossa.gr Tel.: +30 28250 22190

Kournas-See:
Um zu diesem Süßwassersee zu gelangen, fährt man von Vrisses zunächst ca. 7 km östlich Richtung Georgioupolis und biegt dort nach Kournas ab. Von dieser Abzweigung sind es noch ca. 2,5 km, bis man den See mit Fischen, Enten, Wasserschildkröten und Wasserschlangen erreicht.

Gut zu verbinden mit: 1, 2, 3, 18, 19, 20, 21, 22, 24

FANIS
ΤΑΒΕΡΝΑ
FISH TAVERNA FANIS RESTAURANT
Café-Bar LIMANI CAFETERIA
Port

Küstenort Georgioupolis

24

Kurzbeschreibung:
Beliebter Küstenort mit einer Kapelle auf einem Felsen im Meer und einem idyllischen Fluss mit kleinen Fischerbooten am Ufer.

Anfahrt: (GPS: 35°21'48,97" N und 24°15'36,09" E)
Von Rethimnon kommend erreicht man den Georgioupolis nach ca. 20 km in westlicher Richtung. Von Chania aus sind es ca. 35 km in östlicher Richtung auf der Küstenstraße.

Georgioupolis ist ein Ort mit vielen Gesichtern. Das macht ihn zu einem beliebten Urlaubsort für Individual- und Pauschaltouristen. Wer von Chania kommend mit dem Auto in den Ort fährt, sollte das Auto in der Nähe der Brücke parken, um den Ort zu Fuß zu erkunden. Von der Brücke hat man einen schönen Blick auf den glasklaren Fluss Almiros mit dem umliegenden Schilfgebiet und den Weißen Bergen im Hintergrund. Der Fluss, der ins Meer mündet, wird auch von den heimischen Fischern als Anlegestelle für ihre bunten Boote genutzt. Mit etwas Glück kann man hier tagsüber den Fischern beim Flicken ihrer Netze zusehen oder einige Wasserschildkröten im Fluss entdecken.

Bis zum 19. Jahrhundert war das Gebiet noch eine unbewohnbare Sumpflandschaft. Angelockt von günstigen Grundstückspreisen fing man erst Anfang des 20. Jh. an, den Sumpf trockenzulegen. Hierzu wurden zahlreiche Eukalyptusbäume gepflanzt, die dem Boden Wasser entziehen und die auch noch heute das Ortsbild prägen. Wenn man vom Fluss Almiros Richtung Meer läuft, wird man schon bald die Kapelle Agios Nikolaos auf einem Felsen im Meer entdecken. Zu erreichen ist die Kapelle vom Strand aus über einen langen mit Steinen aufgeschütteten Damm. Im überschaubaren Zentrum von Georgioupolis findet man einige Shops, Tavernen und Bars, die eine nette Abwechslung bieten.

Restauranttipp:
- Die Taverne „Arolithos“ befindet sich in der Ortsmitte und liegt direkt gegenüber der Kirche. Gutes Essen und ein freundlicher Service zeichnen sie aus. Tel.: +30 28250 61406
- In der Taverne „Vasilikos“ kann man hervorragend speisen. Der Service ist freundlich mit Wohlfühlfaktor. Die Taverne überzeugt zudem mit einem guten Preis-Leistungsverhältnis.

Unterkunftstipp:
Nur 50 m zum Strand sind es von den gepflegten und familiär geführten „Eleana Studios“ mit kleiner Bar in Georgioupolis.
www.eleana-studios.gr +30 69346 15029

Strandtipp:
Bekannt ist Georgioupolis vor allem auch durch seinen Strand. Der Sandstrand zieht sich vom Ort in der großen Bucht ca. 10 km nach Osten. Sonnenschirm- und Liegenverleih vorhanden.

Gut zu verbinden mit: 1, 2, 3, 18, 19, 20, 21, 22, 23, 25, 29, 30

Die schönsten Autotouren: Westen 1

Kurzbeschreibung: (ca. 100 km, Fahrzeit ca. 190 Min.)
Bei dieser Tour werden vor allem Badefreunde voll auf Ihre Kosten kommen, da die Tour mehrere der schönsten Strände enthält, die Kreta zu bieten hat.

Diese Tour beginnt im Fischerdorf Kolimbari (4). Von hier geht es nach einem Besuch des Klosters Moni Gonia (5) über Kissamos zur Höhlenkapelle Agios Joannis Prodromos (7) mit dem schönen Altarraum. Die Strecke führt ins Landesinnere nach Platanos, wo man rechts zu den Stränden von Falasarna (9) abzweigt. Schon während der Anfahrt von oben hinab zur Küste lohnt ein Fotostopp der schönen Aussicht wegen. Wer möchte, kann bereits hier einen ersten Badestopp einlegen. Für Geschichtsinteressierte bietet sich ein Abstecher zu den Ausgrabungen der antiken Hafenanlage in Falasarna (9) an. Nach einer Pause in Falasarna geht es wieder zurück nach Platanos und von dort ca. 5 km weiter in nördlicher Richtung, bis eine Straße nach links zum Traumstrand von Balos (8) auf der Gramvousa-Halbinsel abzweigt. Ab Kaliviani gibt es eine staubige abenteuerliche Piste mit herrlichen Ausblicken auf den Golf von Kissamos, die am Parkplatz mit einer Taverne endet. Von hier muss man die letzten 25 Min. zu Fuß zum Lagunenstrand in der Piratenbucht von Balos laufen. Die Rückfahrt führt wieder über Kaliviani und Kissamos nach Kolimbari. Besonders schön kann man den Tag in der rechten Taverne am Dorfplatz in Afrata (5) ausklingen lassen.

Die schönsten Autotouren: Westen 2

Kurzbeschreibung: (ca. 100 km, Fahrzeit ca. 140 Min.)
Abwechslungsreiche Tour mit einer Höhle, Traumstränden sowie Panoramablicken und wunderschönen Sonnenuntergängen.

Ausgangspunkt dieser Tour ist der Ort Kissamos. Von hier geht es in südöstlicher Richtung zur Topolia-Schlucht mit der Höhlenkapelle Agia Sofia (6). Nach dem Besuch der Höhle fährt man weiter südlich durch die Berge über Elos und Vathi Richtung Elafonisi. Wer möchte, kann kurz vor dem Traumstrand von Elafonisi noch dem Klosters Moni Chrissoskalitissa (11) einen Besuch abstatten. Der Legende nach soll eine Treppenstufe hinauf zum Kloster aus purem Gold sein. Sehen könne sie aber nur, wer frei von Sünde ist. Wenige Kilometer nach dem Kloster erreicht man den Traumstrand von Elafonisi (12). Hier sollte unbedingt ein Badestopp eingelegt werden. Empfehlenswert ist es, zur vorgelagerten Insel Elafonisi durch das Meer zu waten. Noch schöner und ruhiger ist es nur ca. 2 km östlich von Elafonisi am Zedern-Wacholderstrand (13). Es lohnt sich, zur Rückfahrt nicht allzu spät aufzubrechen, um noch die schönen Ausblicke an der Westküste von der Panoramastraße (11) zwischen Elafonisi und Platanos aus genießen zu können. Immer wieder lassen sich hier wunderschöne Sonnenuntergänge beobachten. Auf der Rückfahrt kann man noch einen Zwischenstopp bei den Tavernen in Sfinari (10) einlegen, bevor es über Platanos zurück nach Kissamos geht.

Die schönsten Autotouren: Westen 3

Kurzbeschreibung: (ca. 200 km, Fahrzeit ca. 275 Min.)
Diese Tour führt zu zwei Küstenorten mit Bademöglichkeiten im Süden Kretas sowie durch eine beeindruckende Bergwelt.

Diese Strecke beginnt in Kolimbari (4) und führt von dort in das ca. 3 km östlich gelegene Rapaniana. Hier biegt man rechts ins Landesinnere ab und erreicht nach einigen Kilometern den Ort Ano Vouves mit dem vielleicht ältesten Olivenbaum (4) der Welt. Die Strecke geht von hier weiter über Voukolis und Kandanos bis zum Küstenort Paleochora (14) an der Südküste. Hier bietet sich zudem ein Badestopp an den Stränden (15) oder (16) an. Von Paleochora geht es wieder ca. 2 km zurück bis rechts eine Straße Richtung Sougia (17) abzweigt. Diese Straße führt in ca. 30 km durch die Berge in den abgelegenen Küstenort Sougia. In Sougia sollte man nicht zu spät losfahren, um den Rückweg durch die wilde und beeindruckende Berglandschaft im Hellen genießen zu können. Bei Dunkelheit ist die Orientierung in den Bergen zudem sehr schwer. Nach einer Pause in Sougia muss man wieder ca. 11 km zurück fahren, bis kurz vor Rodovani eine Straße nach rechts Richtung Kambanos und Chania abzweigt. Dieser Straße folgt man durch beeindruckende wilde Berglandschaft nach Kambanos und Agia Irini. Auf diesem Streckenabschnitt hat man einen tollen Blick in die Agia Irini-Schlucht. Ca. 5 km nach Agia Irini biegt man rechts Richtung Omalos ab und fährt über Lakki, Fournes und Chania zurück nach Kolimbari.

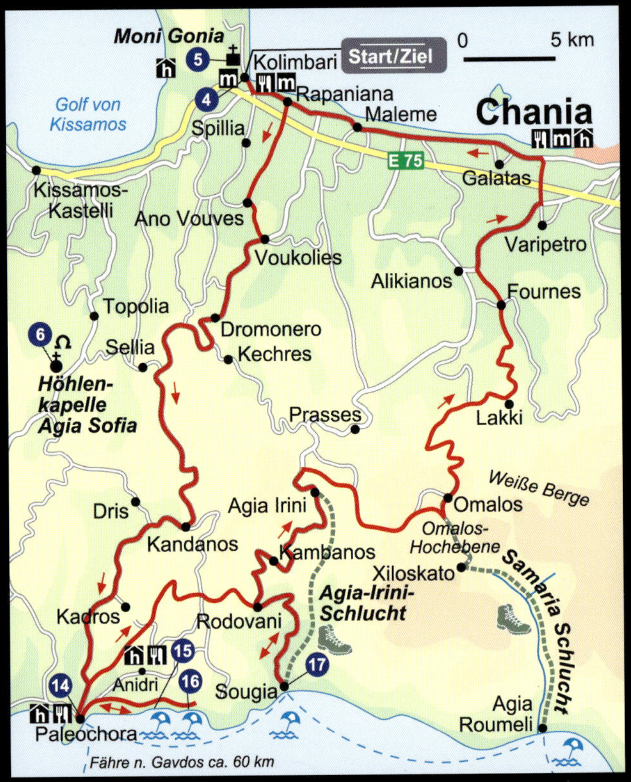

Die schönsten Autotouren: Westen 4

Kurzbeschreibung: (ca. 120 km, Fahrzeit ca. 180 Min.)
Landschaftlich abwechlungsreiche Tour mit tollen Ausblicken und einer abenteuerlichen Brücke über eine tiefe Schlucht.

Ausgangspunkt für diese Tour ist der Küstenort Georgioupolis (24) im Norden Kretas. Von hier geht es nach einem kurzen Spaziergang durch Vrisses (23) hinauf in die Berge zur Askifou-Hochebene (22). Auf der Durchfahrt kommt man an einer Bäckerei mit sehr leckeren Mandelkeksen „Almond Cookie“ (22) vorbei. Die Strecke führt durch die Hochebene zum Ort Imbros mit der gleichnamigen Schlucht und von dort in vielen Serpentinen an der Südküste wieder hinab zum Meer. Während der Abfahrt gibt es ein paar Haltebuchten, von denen man aus einen herrlichen Blick auf die Küste genießen kann. Bei dieser Strecke handelt es sich um die kürzeste Nordsüdverbindung im Westen Kretas. An der Küste angekommen muss man sich rechts Richtung Chora Sfakion (21) orientieren. Auf der Kuppe, bevor es hinab nach Chora Sfakion geht, bietet sich eine Pause im Café „Thea“ an. Von hier hat man einen tollen Blick auf den Ort und die Küste. Wer genug Zeit hat, kann von Chora Sfakion die wunderschöne Küstenwanderung (20) nach Loutro (19) unternehmen. Die Autotour führt über eine Passstraße wieder in die Berge nach Anopolis (18) und zum verlassenen Ort Aradena mit der abenteuerlichen Holzbalkenbrücke (18), die über die Aradena-Schlucht führt. Der Rückweg erfolgt auf der gleichen Strecke bis nach Georgioupolis.

Almirou Ormos
Rethimnon
Autotour Mitte 3
Dia
Unterkunftstipp
Restauranttipp
Museumstipp
Aussicht
Wanderweg
Kretisches Meer
Iraklion
Lavris
Panormos
Bali
Sisses
Agia Pelagia
Stavromenos
Melidoni-Höhle
Melidoni
Agia
Platanes
Perama
Kapsaliana
Garazo
Marathos
E 75
Episkopi
Ammatos
Veni
Axos
Moni Arkadi
Tilissos
Armeni
Mirthios
Nekropole v. Armeni
Kotsifou-Schlucht
E4
Anogia
Knossos
Chersonissos
Malia
Gournes
Stalida
Thronos
Karines
Koxare
Pandanassa
Ida-Gebirge
Europäischer Fernwanderweg
Episkopi
Mochos
Malia
Krassi
Spili
Autotour Mitte 1
2456 m Psiloritis
Dafnes
Archanes
Myrtia
Kastelli
Lassithi-Hochebene
Sellia
Kourtaliotiko-Schlucht
Plakias
Thrapsano
Lefkogia
Drimiskos
Akoumia
Nea Kria Vrisi
Orne
Agia Varvara
Dikti-Höhle
Moni Preveli
Kamares
Zaros
Triopetra
Melambes
Saktouria
Ag. Pavlos
Dikti 2148 m
Autotour Mitte 2
Agia Galini
Kokkinos Pirgos
Timbaki
Gortis
Valis
Ligorthynos
Skinias
Pefkos
Agia Triada
Festos
Mires
Agii Deka
Loures
Ano Viannos
Kalamaki
Stavies
Komo
Plora
Pirgos
Arvi
Autotour Mitte 4
Pitsidia
Matala
Loukia
Tsoutsouros
Krotos
Agio Farango
Lentas
0
20 km
Kali Limenes
Libysches Meer
Strand

DIE MITTE

25. Küstenort Rethimnon
26. Höhle Melidoni
27. Kloster Moni Arkadi
28. Ort Spili
29. Strandtaverne von Rodakino
30. Koraka Beach
31. Strand von Souda
32. Küstenort Plakias
33. Strand von Triopetra
34. Strand Sandy Beach
35. Gesteinsfaltung von Agios Pavlos
36. Reiten am Strand von Komo
37. Ausgrabungen von Festos
38. Küstenort Lentas
39. Wochenmarkt in Mires
40. Ausgrabungen von Gortis
41. Ausgrabungen von Knossos
42. Küstenort Iraklion

Cafe Bar Vasiliko

Küstenort Rethimnon

25

Kurzbeschreibung:
Schöner Venezianischer Fischerhafen und ein Labyrinth aus Altstadtgässchen die zum Shoppen und Verweilen einladen.

Anfahrt: (GPS: 35°22'17,21" N und 24°28'33,01" E)
Rethimnon liegt ca. 60 km östlich von Chania und ca. 78 km westlich von Iraklion direkt an der Nordküste und ist per Auto bequem zu erreichen. Das Auto parkt man am besten in einer der Seitenstraßen in der Nähe des Venezianischen Hafens.

Nach Iraklion und Chania ist Rethimnon die drittgrößte Stadt auf Kreta. Ein Labyrinth aus vielen kleinen Altstadtgassen lädt den Besucher zum stundenlangen Shoppen und Verweilen ein. Immer wieder entdeckt man dabei die unterschiedlichen Einflüsse aus längst vergangenen Zeiten. Die Häuser mit den Holzerkern, türkische Minarette sowie die schmiedeeisernen Balkonbrüstungen und Plätze aus der venezianischen Zeit verleihen der Stadt ein ganz besonderes Flair.

Venezianischer Fischerhafen:
Besonders schön anzusehen ist der malerische Venezianische Fischerhafen am Rande der Altstadt. Zahlreiche Tavernen mit schönen Fischtheken werben um Gäste, leider manchmal auch etwas aufdringlich. Daher empfiehlt sich ein Besuch vormittags oder nachmittags, wenn es hier etwas ruhiger zugeht und man die Atmosphäre auf sich wirken lassen kann.

Rimondi-Brunnen:
Der schöne Brunnen aus dem Jahre 1629 stammt aus der venezianischen Zeit. Drei Löwenköpfe spenden Wasser. Es gibt zahlreiche schöne Tavernen im Rimondi-Brunnenviertel.

Festung Fortezza:
Unweit des Venezianischen Hafen gelegen, befindet sich die mächtige über der Altstadt thronende Festung Fortezza. Sie wurde zwischen 1573 und 1580 in der venezianischen Zeit erbaut und diente als Schutz vor den Türken. Die Festung wurde so groß dimensioniert, damit bei Gefahr die gesamten Einwohner Rethimnons darin evakuiert werden konnten. Eintritt: ca. 4 €
Öffnungszeiten: Tägl. 9:00-19:00 Uhr (im Winter kürzer)

Restaurant- und Unterkunftstipp:
Wer auf ein schönes Ambiente und leckeres kretisches Essen Wert legt, sollte das nicht ganz günstige Restaurant „Avli“ besuchen. Es werden auch Kochkurse angeboten. Zimmer und Suiten werden auch vermietet. Das „Avli“ liegt in der Altstadt im Rimondi-Brunnenviertel an der Ecke Xantoudidi 22 & Radamanthous. www.avli.gr Tel.: +30 28310 26213

- Hotel Casa Moazzo www.casamoazzo.gr +30 28310 36235
- Hotel Casa Vitae www.casa-vitae.gr +30 28310 35058

Gut zu verbinden mit: 23, 24, 26, 27, 28, 31, 32, 33, 34, 35

Höhle Melidoni

26

Kurzbeschreibung:
Gut ausgebaute und schöne Höhle mit trauriger Vergangenheit.

Anfahrt: (GPS: 35°23'04,05" N und 24°43'41,50" E)
Die Höhle liegt etwa 30 km östlich von Rethimnon und liegt 2 km außerhalb des Ortes Melidoni. Auf der Küstenstraße zwischen Rethimnon und Iraklion zweigt eine kleine Ausfahrt mit Beschilderung „Melidoni Cave“ ab. Von hier folgt man den Wegweisern ins Landesinnere bis zur Höhle. Vor der Höhle gibt es einen großen Parkplatz mit einer Taverne. Von hier oben hat man einen tollen Ausblick auf die Umgebung.

Eine durch die Feuchtigkeit etwas rutschige Treppe führt hinab in die ansonsten gut ausgebaute und beleuchtete Tropfsteinhöhle. Über sie gelangt man in die „Heldenkammer“, den etwa 65 m langen, 30 m breiten und 25 m hohen Hauptraum der Höhle mit wunderschönen Stalagmiten und Stalagtiten.

Geschichte:
Aufgrund der von Archäologen ausgegrabenen Holzkohlereste, Tierknochen und Tonscherben wird vermutet, dass die Höhle bereits in der Zeit zwischen 3500 v. Chr. bis 3000 v. Chr. bewohnt war. Weitere Funde sind Figuren von nackten und bekleideten Frauen. Dies waren Idole aus der hellenistischen Zeit (500 bis 67 v. Chr.). In der Höhle entdeckte Öllampen und knöcherne Dorne lassen auf eine Nutzung der Höhle auch in der Römischen Zeit (67 v. Chr. bis 395 n. Chr.) schließen.

In der Melidoni-Höhle fand während der Freiheitskriege gegen die Türken ein schlimmes Massaker statt. Im Jahre 1824 versteckten sich 370 Einwohner aus den umliegenden Dörfer und 30 bewaffnete Kreter in dieser Höhle. Sie wurden jedoch von den Türken aufgespürt. Als es den Türken nicht gelang, die Höhle zu erobern, verbauten sie den Höhleneingang mit Steinen und zündeten ein Feuer vor der Höhle an. Als der Rauch des Feuers ins Innere der Höhle drang, mussten die Eingeschlossenen qualvoll ersticken. Ein steinerner Schrein in der Höhle, in dem die Knochen der Getöteten liegen, erinnert an das schreckliche Massaker.

Hinweise:
- Öffnungszeiten: April-September tägl. 9:00-20:00 Uhr
- Eintritt: ca. 3 €

Unterkunftstipp:
Das „Kapsaliana Village“ Hotel befindet sich in abgeschiedener Lage in der liebevoll restaurierten alten Ölmühle des Klosters Arkadi. Von der E75 fährt man in Stavromenos ab und erreicht das Hotel über Asteri nach ca. 7 km. GPS: 35°20'21,20"N und 24°37'12,30"E www.kapsalianavillage.gr Tel.: +30 28310 83400

Gut zu verbinden mit: 25, 27

Kloster Moni Arkadi

27

Kurzbeschreibung:
Schönes und sehr bedeutendes Kloster in der Geschichte Kretas.

Anfahrt: (GPS: 35°18'37,37" N und 24°37'42,34" E)
Von Rethimnon kommend fährt man ca. 10 km in östliche Richtung bis zur Ausfahrt Stavromenos. Dort biegt man ins Landesinnere Richtung Magnisia ab und erreicht über Roupes nach ca. 15 km das Kloster Moni Arkadi.

Geschichte:
Das Kloster Moni Arkadi gilt als das Symbol für den Freiheitskampf der Kreter gegen die türkischen Besetzer. Am 1. Mai 1866 wird im etwas versteckt im Hinterland liegenden Kloster der Abt Gabriel als Führer der neuen Aufstände für diese Provinz gewählt. Als der türkische Herrscher von den geheimen Plänen erfährt, forderte er den Abt auf, das Revolutionskomitee aufzulösen und den Aufstand zu beenden. Als sich dieser weigert, schickte der türkische Herrscher ein Heer, um die Aufstände gewaltsam zu beenden. Aus Angst vor den Angreifern flüchten sich zahlreiche Bewohner aus der Gegend in das festungsartige Kloster. Am 7. November 1866 befinden sich 964 Kreter im Kloster, davon nur 325 Männer, der Rest sind Frauen und Kinder. Als das ca. 15.000 Mann starke Heer am 8. November 1866 zum Sturm des Klosters ansetzt, leisten die Eingeschlossenen zunächst erbitterten Widerstand. Am Abend ist der Bereich um das Kloster von getöten Türken übersät. Aber auch die Verteidiger erleiden hohe Verluste. Lange können sie der Übermacht nicht mehr trotzen. Sie halten ihren letzten Gottesdienst in der Klosterkirche ab. Während des Gottesdienstes beschließen die Eingeschlossenen kollektiven Selbstmord zu begehen, anstatt den Türken in die Hände zu fallen. Kurz bevor die Angreifer am 9. November in das Kloster einfallen, gibt Abt Gabriel die letzte Parole aus: "Alle ins Pulvermagazin, es ist Zeit!“ Die Kreter versammeln sich um die Fässer mit dem Sprengstoff. Als die Türken in das Kloster eindringen, schießt Kostas Giampoudakis mit seiner Pistole auf ein Pulverfass. Die Explosion der Fässer reißt die Kreter und viele Türken in den Tod. Insgesamt haben ca. 750 Kreter und ca. 1.500 Türken ihr Leben im Freiheitskampf im und am Kloster verloren.

Durch ihren kollektiven Selbstmord haben die Kreter ein Zeichen gesetzt, das die Weltbevölkerung aufhorchen ließ. Russland, Frankreich, Italien und Großbritanien greifen später ein und beenden im Jahre 1898 die türkische Herrschaft über die Kreter.

Hinweise:
- Öffnungszeiten: Tägl. 9:00 Uhr - Sonnenuntergang
- Eintritt: ca. 2 €

Gut zu verbinden mit: 25, 26, 28

ROOMS RENT
RESTAURANT YANNI'S

Ort Spili

28

Kurzbeschreibung:
Stadt mit schönem Bischofssitz und einem Brunnen, bei dem das Wasser aus 25 Löwenköpfen fließt.

Anfahrt: (GPS: 35°13'05,21" N und 24°32'06,58" E)
Von Rethimnon kommend fährt man über Armeni Richtung Südküste. Die Ortschaft Spili erreicht man ca. 18 km nach Armeni auf einer gut ausgebauten Straße.

Spili mit seinen ca. 700 Einwohnern ist durch seine Quellen eine sehr grünes Dorf. Als Wahrzeichen dient ein Brunnen aus venezianischer Zeit, bei dem das Wasser aus 25 Löwenköpfen strömt. Das Wasser stammt aus Quellen oberhalb von Spili. Rings um den Brunnenplatz in der Dorfmitte gibt es einige nette Cafés und Tavernen, die zum Verweilen einladen.

Der Ort hat sich auf Tagesausflügler eingestellt. An der Hauptstraße und in ein paar Seitengassen bieten verschiedene Händler ihre Waren an. Traditionelle Web- und Strickwaren findet man besonders häufig.

Im wohl schönsten und imposantesten Gebäude der Ortschaft befindet sich der Bischofssitz „Sankt Peter und Paul". Er liegt im Westteil direkt an der Straße Richtung Rethimnon. Hier werden unter anderem auch Priester ausgebildet.

Ausflugstipp:
Etwa 1,5 km nördlich von Armeni an der Straße Richtung Somatas ist 1969 eine der größten Grabkammern Kretas entdeckt worden. Bei den Ausgrabungen dieses spätminoischen Friedhofs von Armeni wurden 220 Felskammergräber freigelegt. Die Eingänge der in den Stein gehauenen Grabkammern sind nach Osten hin ausgerichtet und konnten mit einer Steinplatte versperrt werden. Diese Kammergräber dienten als Familiengräber. Solche Begräbnisstätten aus dem Altertum wurden meist außerhalb der dazugehörigen Ortschaften gebaut. Die zu diesen Ausgrabungen gehörende Siedlung wurde bis heute nicht entdeckt. Es wird vermutet, dass der Friedhof etwa 200 Jahre lang genutzt wurde. Verschiedene Fundstücke, die bei den Ausgrabungen entdeckt wurden, sind heute in den archäologischen Museen von Chania und Rethimnon ausgestellt.

Hinweise:
- Öffnungszeiten: Di-So: 8:30-14:30 Uhr
- Eintritt: frei

Gut zu verbinden mit: 25, 27, 29, 30, 31, 32, 33, 34, 35

Strandtaverne von Rodakino

(29)

Kurzbeschreibung:
Ein idealer Ort für eine Pause ist diese einsam gelegene Strandtaverne mit schönen natürlichen Schattenplätzen.

Anfahrt: (GPS: 35°10'58,95" N und 24°17'58,31" E)
Von Plakias aus kommend fährt man in westlicher Richtung über das Bergdorf Sellia nach Kato Rodakino und biegt dort nach links zur Küste ab. Hier folgt man der Straße bis zum Strand (30) und biegt an der T-Kreuzung nach rechts ab. Von dieser Abzweigung folgt man der Küstenstraße ca. 1,5 km. Man muss den kleinen Berg, der die erste von der zweiten Bucht trennt, umfahren, bis links ein Feldweg wieder zum Meer führt. Da sich der Feldweg in einem sehr unebenen und schlechten Zustand befindet, können die letzten ca. 300 m bis zur Taverne auch zu Fuß zurückgelegt werden.

Ein idealer Ort, um abzuschalten, die Seele baumeln zu lassen und die Ruhe zu genießen. Die kleine einfache Strandtaverne bietet neben kühlen Getränken auch Snacks und kleine Gerichte an.

Auf der Speisekarte stehen unter anderem:
- Griechischer Salat
- Tzatziki
- Souvlaki

Ausflugstipp:
Etwa 16 km westlich liegt die alte 1371 erbaute venezianische Festung Frangokastello direkt am Meer. Die wuchtigen Mauern mit Zinnen und Schießscharten zur Abwehr von Piraten und anderen Angreifern sind durch vier Ecktürme begrenzt und schon von Weitem sichtbar. Im Innern der Festung stehen nur noch wenige Mauerreste. Im Jahre 1771 verschanzte sich Giannis der Lehrer (18) mit weiteren Freiheitskämpfern in der Festung im Kampf gegen die Türken. Auch im Mai 1828 war die Festung Mittelpunkt im Kampf von kretischen Aufständischen gegen die Türken mit hohen Verlusten auf beiden Seiten.

Strandtipp:
Westlich von der Taverne gibt es einsame Naturstrände. Diese Strecke ist durch die Unebenheiten der Naturpiste mit normalem PKW kaum befahrbar, von der beschriebenen Strandbar zu Fuß aber bequem zu erreichen.

Hinweise:
- Sandkiesstrand mit schattenspendenden Bäumen
- Auch in der Hauptsaison geht es hier meist ruhig zu
- Kein Sonnenschirm- und Liegenverleih

Gut zu verbinden mit: 18, 19, 20, 21, 30, 31, 32

Koraka Beach

30

Kurzbeschreibung:
Schöner und meist nicht überlaufender Strand am Ostende in der Bucht von Rodakino.

Anfahrt: (GPS: 35°11'14,09" N und 24°18'52,19" E)
Von Plakias aus kommend fährt man in westlicher Richtung über das Bergdorf Sellia nach Kato Rodakino und biegt dort nach links zur Küste ab. Hier folgt man der Straße bis zum Strand in der Bucht von Rodakino.

Geschichte:
Mit der Entführung des deutschen Generals Kreipe auf Kreta gelingt zwei britischen Offizieren, einer Spezialeinheit, mit der Unterstützung von kretischen Partisanen ein Husarenstück während des Zweiten Weltkriegs. Am Abend des 26. April 1944 wird General Kreipe im Opel Kapitän wie jeden Abend von seinem Chauffeur vom Hauptquartier in Archanes in die Villa Ariadne bei Knossos gefahren. An der Kreuzung von Archanes zur Hauptstraße Richtung Iraklion wird das Fahrzeug an einem vermeintlich deutschen Kontrollpunkt von den Entführern gestoppt.
General Kreipe und sein Chauffeur werden schnell überwältigt. Der Überfall dauert nur ca. 2 Min. bis die Fahrt fortgesetzt wird. Die beiden britischen Offiziere sitzen vorne, einer am Steuer, der andere setzt sich den Hut des Generals auf, um diesen zu imitieren. Kreipe liegt hinten im Fußraum und wird von 3 Kretern auf dem Rücksitz bewacht. Auf der weiteren Fahrt über die Insel werden 22 deutsche Kontrollstellen passiert. Da den Soldaten das Auto des Generals bekannt ist, wird nur salutiert statt kontrolliert. Bei Sisses verlassen die meisten Entführer mit dem General das Fahrzeug. Zwei der Entführer fahren das Auto in eine Bucht an der Nordküste, um zusammen mit einem im Auto hinterlassenen Brief die Verschleppung des General Kreipe durch ein Boot von der Nordküste aus vorzutäuschen. In Wirklichkeit sind die Entführer mit dem General über Anogia und das Ida-Gebirge zu Fuß unterwegs zur Südküste. Zwischenzeitlich hatten auch die Deutschen die Entführung realisiert und mit einem Großaufgebot nach dem General gesucht. Zunächst hielten sich die Entführer mit dem General in abgelegenen Höhlen versteckt und marschierten nur nachts weiter Richtung Südküste. Nach 18 Tagen erreichten sie die Südküste und verschleppten General Kreipe von Rodakino aus mit einem Boot nach Ägypten. Als die Deutschen von der Hilfsbereitschaft während der Flucht aus dem Ort Anogia erfahren, machen sie im Herbst 1944 mehrere Bergdörfer u.a. auch Anogia dem Erdboden gleich. Alle männlichen Einwohner, die in Anogia oder 1 km von Anogia entfernt angetroffen werden, werden hingerichtet. Im Jahr 1971 fand ein Treffen der Entführer mit General Kreipe statt.

Gut zu verbinden mit: 18, 19, 20, 21, 28, 29, 31, 32, 33, 34, 35

Strand von Souda

31

Kurzbeschreibung:
Schöner Strand, der mit dem Auto gut von Plakias aus zu erreichen ist.

Anfahrt: (GPS: 35°11'32,33" N und 24°21'54,44" E)
Um zum Strand von Souda zu gelangen, fährt man durch Plakias (32) an der Küste entlang in westliche Richtung. Etwa 3 km nach dem Ortsausgang Plakias erreicht man den Strand am Ende der langgezogenen Bucht.

Wer vom Strand aus die Küste in westlicher Richtung erkunden möchte, sollte mit dem Auto über Sellia auf der gut ausgebauten Straße um den Berg Kastri herumfahren. Hinter dem Strand bei den Palmen gibt es auch eine kleine, teilweise sehr unwegsame Holperpiste, auf der man den Berg direkt an der Küste durch eine Fels- und Steinwüste umfahren kann. Diese Strecke endet wenig später am Strand von Kato Rodakino (30). Mit einem normalen Auto ist diese Strecke nicht zu empfehlen, mit einem Allradfahrzeug aber problemlos machbar.

Der Strand von Souda ist ca. 300 m lang. Am Strand gibt es zwei Tavernen, die sich um das Wohl ihrer Gäste kümmern.

Hinweise:
- Sandkiesstrand
- Sonnenschirm- und Liegenverleih in den Sommermonaten

Ausflugstipp:
Wenn man vom Strand Richtung Plakias fährt, zweigt nach ca. 1 km eine Straße nach links in das noch recht traditionelle Bergdorf Sellia ab. Schon während der ca. 3 km langen Fahrt in das Dorf wird man immer wieder mit herrlichen Ausblicken auf die Küste belohnt. In Sellia geht es noch recht beschaulich zu. Am kleinen Dorfplatz sieht man meist einige ältere Männer sitzen. In den Gebäuden in der Nähe des Dorfplatzes haben sich einige Künstler niedergelassen und bieten dort in ihren Ateliers Schmuck, getöpferte Waren, Skulpturen oder Gemälde an.

Von Plakias aus bietet sich ein Ausflug ins Kloster Preveli (34) an. Zum Kloster muss man von Plakias aus ca. 5 km in östlicher Richtung zum Ort Lefkogia fahren. Etwa 1 km nach Lefkogia zweigt eine Straße nach rechts ab. Dieser folgt man und kommt auf der weiteren Fahrt an einer im venezianischen Stil nachgebauten Brücke auf der linken Seite vorbei. Die überdimensioniert wirkende und mitten in der Landschaft stehende Brücke überspannt den kleinen Fluss Megalopotamos, der beim Palmenstrand von Preveli ins Meer mündet. Etwa 1 km vor dem Kloster lohnt ein Abstecher nach links zum Palmenstrand von Preveli (33). Der Palmenstrand ist über einen Fußweg und zahlreiche Treppenstufen zu erreichen. Leider hat ein Feuer im September 2010 zahlreiche Palmen zerstört.

Gut zu verbinden mit: 28, 29, 30, 32, 33, 34, 35

Küstenort Plakias

32

Kurzbeschreibung:
Guter Ausgangspunkt an der Südküste um die Gegend zu erkunden oder sich am Strand zu entspannen.

Anfahrt: (GPS: 35°11'25,69" N und 24°23'41,64" E)
Von Rethimnon kommend fährt man am besten auf der gut ausgebauten Straße ins Landesinnere über Armeni und Koxare durch die imposante Kourtaliotiko-Schlucht bis nach Plakias.

Der mittlerweile recht touristisch gewordene Ort Plakias eignet sich gut als Ausgangspunkt für Touren mit dem Auto oder zum Entspannen an einem der vielen Strände in der Region. Im Ort spielt sich das Geschehen vor allem entlang der Uferstraße ab. Tavernen, Bars und Shops, die mit ihrem Angebot auf den Tourismus ausgerichtet sind, reihen sich aneinander.

Ausflugstipp:
Etwas ruhiger und ursprünglicher geht es da im etwa 2 km oberhalb von Plakias gelegenen Bergdorf Mirthios zu. Neben guten Tavernen macht die Aussicht den Ausflug lohnend.

Unterkunftstipp:
Schöne Appartements in Mirthios mit Balkon und Terrasse in einem großzügig angelegten Garten mit toller Aussicht. Die Unterkunft liegt am Ortsausgang Richtung Kotsifou-Schlucht. www.chrisanthi-mirthios.com Tel.: +30 28320 31564

Strandtipp:
Am Ostende in der weiten Bucht von Plakias befindet sich der schönste Strandabschnitt. Etwa 4 km weiter östlich liegt der sandige Ammoudi Beach in eine kleine Nachbarbucht. Wer es etwas ruhiger mag, sollte den Strand von Souda (31) oder die Strände bei Kato Rodakino (30) und (29) besuchen.

Restauranttipp:
- In der Taverne „Tassomanolis", die direkt an der Küstenstraße am Ortsausgang von Plakias in Richtung Souda liegt, gibt es in netter Atmosphäre vorzüglichen Fisch. Tel.: +30 28320 31129
- Ebenfalls zu empfehlen ist die Nachbartaverne „Scirocco" in Plakias. Sie ist etwas einfacher, überzeugt aber durch freundlichen Service und leckeres Essen. Tel.: +30 28320 32008
- Im Bergdorf Mirthios ißt man gut bei grandioser Aussicht in der Taverne „Panorama", die direkt an der kleinen Durchgangsstraße liegt. Freitags meist Livemusik Tel.: +30 28320 31450
- Ebenfalls in Mirthios sitzt und ißt man in einem besonders ansprechenden Ambiente in der etwas unterhalb am Ortsrand gelegenen Taverne „Vrisi". Tel.: +30 6977 992982

Einkaufstipp:
Eine große Auswahl schöner und handgemachter Souvenirs gibt es in Mirthios in „Carol`s Workshop". Tel.: +30 28320 32022

Gut zu verbinden mit: 28, 29, 30, 31, 33, 34, 35

Strand von Triopetra

33

Kurzbeschreibung:
Schöner großer Sandkiesstrand, der durch seine abgeschiedene Lage auch in der Hochsaison meist wenig frequentiert ist.

Anfahrt: (GPS: 35°07'10,23" N und 24°32'47,18" E)
Von Spili aus fährt man in südöstlicher Richtung nach Akoumia und biegt dort rechts Richtung Agios Pavlos (34) ab. Die kleinen Straßen führen durch die Berge Kretas nach Rodakinokambos. Kurze Zeit später zweigt eine Straße rechts ab nach Triopetra.

Der Strand Triopetra ist benannt nach den drei Felsnadeln, die am östlichen Strandende aus dem Meer ragen und ein wenig an die zwölf Apolstel an der Great Ocean Road in Australien erinnern. Triopetra besteht nur aus wenigen Häusern, teilweise auch mit Zimmervermietung und ein paar Tavernen am Strand. Ruhesuchende werden hier voll auf ihre Kosten kommen. Von dem breiten Strand in der Bucht lassen sich herrliche Sonnenuntergänge beobachten.

Hinweise:
- Breiter Sandkiesstrand
- Sonnenschirm- und Liegenverleih in den Sommermonaten
- Tavernen am Strand
- Auch in den Sommermonaten meist wenig besucht
- Yogaangebote in der Gegend

Palmenstrand von Preveli:
Im September 2010 hat ein Feuer einen Großteil der Palmen und damit auch des karibischen Flairs zerstört. Wer dem Strand von Preveli dennoch einen Besuch abstatten möchte, kann dies gut von Triopetra aus tun. Hierzu fährt man von Triopetra aus immer westlich bis nach Kerames. Die Straße führt durch das Hinterland, da die Küste in diesem Bereich wenig erschlossen ist. Kurz nach Kerames zweigt eine staubige aber schöne Küstenstraße wieder zum Meer ab und führt das letzte Stück direkt am Meer entlang bis zu einem Parkplatz, bevor die Straße wieder in die Berge führt. Von hier aus führt ein steiniger Pfad in ca. 10 Min. über einen kleinen Berg zum Palmenstrand von Preveli. Bevor man zum Strand hinabsteigt, hat man einen guten Blick auf den Strand mit dem Fluss Megalopotamos, der hier ins Meer mündet. In den Sommermonaten ist am Strand oft recht viel los, da er täglich auch von mehreren Ausflugsbooten von Plakias und Agia Galini aus angesteuert wird.

Hinweise:
- Sandkiesstrand
- Sonnenschirm-, Tretboot- und Liegenverleih
- Keine Tavernen am Strand
- In den Sommermonaten meist viel besucht

Gut zu verbinden mit: 28, 34, 35

Sandy Beach

34

Kurzbeschreibung:
Mehrere einsame Badebuchten mit hohen Sandverwehungen machen diese Strände am Lybischen Meer einzigartig.

Anfahrt: (GPS: 35°06'08,83" N und 24°33'41,36" E)
Von Rethimnon kommend fährt man südlich über Armeni und Spili an Akoumia vorbei bis nach Nea Kria Vrisi. Kurz hinter dem Ort zweigt eine Straße nach rechts ab. Diese Straße führt über das Bergdorf Saktouria zur Küste hinab bis nach Agios Pavlos.
Etwas westlich von Agios Pavlos gelegen befindet sich das Kap Melissa mit der Gesteinsfaltung (35). Um zu den Stränden zu gelangen, parkt man das Auto am besten auf dem Kap. Die einzelnen Buchten mit den Sandverwehungen befinden sich am Kap und ziehen sich weiter vom Kap aus nach Westen bis zum Strand von Triopetra (33). Der Weg vom Kap hinunter zum Meer ist recht einfach zu meistern. Auf dem Rückweg zum Auto wird man jedoch schnell feststellen, dass man bei jedem Schritt, den man in den Sandverwehungen den Berg hinaufstapft, wieder Zweidrittel im Sand hinabrutscht und der Weg nach oben daher wesentlich beschwerlicher ist.

Hinweise:
- Dünenartiger Sandstrand
- Sonnenschirm- und Liegenverleih in einer Bucht
- Auch in den Sommermonaten meist wenig besucht

Der Ort Agios Pavlos direkt an der Küste besteht nur aus wenigen Häusern und Tavernen, die teilweise auch Zimmer vermieten. Ruhesuchende werden diese Gegend genießen.

Ausflugstipp:
Von Agios Pavlos aus bietet sich ein Ausflug ins Kloster Preveli an, in dem es neben einer schönen Klosterkirche auch ein Ikonenmuseum zu sehen gibt. Von Agios Pavlos aus fährt man über die Berge nach Nea Kria Vrisi zurück und folgt der Straße über Akoumia und Spili bis nach Ano Mixorouma. Hier zweigt die Straße nach links Richtung Küste ab. Etwa 1 km nach Asomatos und noch vor Lefkogia muss man der Abzweigung nach links folgen. Nach weiteren ca. 6 km erreicht man das Kloster Preveli. Ca. 1 km vor dem Kloster zweigt links eine Straße zum 2010 abgebrannten Palmenstrand von Preveli ab. Der Strand ist über einen Fußweg und viele Treppenstufen zu erreichen.

Hinweise:
- Fotografieren im Kloster verboten
- Kleidung: Keine kurzen Hosen und Schultern bedeckt
- Ikonenmuseum und schöne Klosterkirche im Kloster
- Öffnungszeiten: April-Mai 8:00-19:00 Uhr
  Juni-Okt. 8:00-13:30 und 15:30-18:00 Uhr

Gut zu verbinden mit: 28, 33, 35

Gesteinsfaltung von Agios Pavlos

35

Kurzbeschreibung:
Dieses schöne Postkartenmotiv wurde von der Natur geformt.

Anfahrt: (GPS: 35°06'06,72" N und 24°33'45,69" E)
Von Rethimnon kommend fährt man südlich über Armeni und Spilli an Akoumia vorbei bis nach Nea Kria Vrisi. Kurz hinter dem Ort zweigt eine Straße nach rechts ab. Diese Straße führt über das Bergdorf Saktouria zur Küste hinab bis nach Agios Pavlos. Etwas westlich von Agios Pavlos befindet sich das Kap Melissa mit den Gesteinsfaltungen in der Senke des Kaps.

Das Kap wird auch als „Krokodil" bezeichnet, da die Silhouette des Kaps von Agios Pavlos aus gesehen an ein solches erinnert. Bei den Gesteinsfaltungen auf dem Kap wurden farblich unterschiedliche Gesteinsschichten von der Natur unter Druck in ein wellenförmiges Streifenmuster gefaltet. Dieses Kunstwerk der Natur ist nicht nur für Geologen eine tolle und interessante Sehenswürdigkeit.

Strandtipp:
Vom Kap mit der Gesteinsfaltung lassen sich herrliche und meist wenig besuchte Dünenstrände (34) zu Fuß erreichen. Die einsamen Strände von Triopetra (33) sind ebenfalls in der Nähe und in weniger als 10 Min. bequem mit dem Auto zu erreichen.

Ausflugstipp:
Von Agios Pavlos aus bietet sich ein Ausflug nach Agia Galini an. Von Agios Pavlos aus fährt man über Saktouria in die Berge bis zur Verbindungsstraße von Spili nach Agia Galini. Hier biegt man rechts ab und erreicht Agia Galini nach ca. 12 km. Trotz der vielen Touristen konnte sich der ehemalige Fischerort sein eigenes Flair bewahren. Einige enge Gassen in der Nähe des Hafens laden mit zahlreichen Cafés, Tavernen und Shops zum Verweilen und Bummeln ein. Wer möchte, kann auch einen Bootsausflug vom Hafen aus zu unterschiedlichen Zielen in der Umgebung unternehmen. Vom Schiff aus hat man einen besonders schönen Blick auf Agia Galini mit den eng am Hang gebauten Häusern.

Als weitere Ausflugsmöglichkeit kann man von Agia Galini über Timbaki, Festos und Pitsida bis zum Strand von Matala fahren. Berühmt wurde der Strand, als die in der Jungsteinzeit von Menschen gegrabenen Wohnhöhlen in den sechziger Jahren von Hippies entdeckt und zu neuen Wohnhöhlen umfunktioniert wurden. Heute stehen die Höhlen unter Denkmalschutz und das Übernachten darin ist verboten. Hippie-Feeling wird man in dem sehr touristischen und meist völlig überlaufenen Matala heute nicht mehr finden.

Gut zu verbinden mit: 28, 33, 34

Reiten am Strand von Komo

36

Kurzbeschreibung:
Schöner Sandstrand mit einem Reiterhof in der Nähe.

Anfahrt: (GPS: 35°00'44,22" N und 24°45'40,96" E)
Auf halber Strecke zwischen Mires und Timbaki folgt man der Beschilderung zum Palast von Festos. Von hier fährt man weiter in Richtung Matala. Direkt in Pitsidia zweigt rechts der Weg zum berühmten Komostrand und zur Horsefarm Melanouri ab.

Reiten am Komo-Beach:
Der kleine Reiterhof wird von einer deutsch-griechischen Familie seit 1998 betrieben. Neben Ziegen, Kaninchen, Katzen und Hunden leben auch 10 Pferde auf dem Hof. Der Komo-Beach ist mit dem Pferd in 20 Min. vom Reiterhof aus zu erreichen. Angeboten werden neben Urlaub auf dem Reiterhof unter anderem auch ein Ritt zum Strand, ein Vollmondritt oder ein Tagesritt mit Picknick zur Agiofarango-Schlucht

Kontaktdaten:
Martina & Niko Fasulakis 70200 Pitsidia / Iraklion / Kreta
www.melanouri.com Tel.: +30 28920 45040

Strand von Komo:
Im Dorf Pitsidia rechts zum Komo-Beach abbiegen. Das Auto kann in Strandnähe abgestellt werden. Von dem schönen Sandstrand lassen sich tolle Sonnenuntergänge beobachten. Vorsicht beim Baden wegen Felsplatten und Unterströmungen in Ufernähe.

Meeresschildkröte Caretta caretta:
In der Zeit von Juni-September kommen die Weibchen nachts an den Komo-Beach, um dort ihre Eier im Sand zu vergraben. Körbe werden zum Schutz über das Nest gestellt. Nach ca. 55 Tagen schlüpfen die jungen Schildkröten nachts aus. Die Schildkröten dürfen nicht durch künstliches Licht gestört werden, da sie sonst nicht den Weg zurück ins Meer finden.

Restauranttipp:
Wenn man in der Gegend ist, sollte man unbedingt wegen des leckeren Essens und der traumhaften Aussicht die Taverne „Mystical View“ besuchen. Um zur Taverne zu gelangen, fährt man von Pitsida in Richtung Matala. Etwa 1,5 km nach dem Ortsausgang von Pitsida biegt man nach rechts ab und erreicht die Taverne nach weiteren ca. 0,7 km. Tel.: +30 28920 45072

Geschichte:
Komo war seit minoischer Zeit besiedelt. Es wird vermutet, dass es sich hier um einen der Häfen von Festos handelte. Da die Ausgrabungen der Archäologen noch nicht beendet sind, können sie nicht besichtigt werden.

Gut zu verbinden mit: 37, 38, 39, 40

Ausgrabungen von Festos

37

Kurzbeschreibung:
Zweitgrößte Palastanlage aus minoischer Zeit auf Kreta in schöner Lage auf einem Hügel auf der Messara-Ebene.

Anfahrt: (GPS: 35°03'05,51" N und 24°48'40,98" E)
Von Iraklion kommend fährt man auf der gut ausgebauten Straße Richtung Süden bis Agii Deka. Von hier folgt man der Straße in westlicher Richtung an den Ausgrabungen von Gortis (40) und dem Ort Mires (39) vorbei. Nach ca. 10 km zweigt eine Straße nach links ab und man erreicht nach weiteren 2 km die Ausgrabungen von Festos.

Geschichte:
Anhand der Funde wird vermutet, dass die Gegend bereits 3000 v. Chr. besiedelt war. Der Palast von Festos entstand in der Zeit von 1900-1850 v. Chr. in der minoischen Zeit und war vermutlich ebenso bedeutsam wie der Palast von Knossos. Er wurde durch mehrere Erdbeben und einen Brand stark beschädigt. Um 1600 v. Chr begann ein aufwändiger Neubau, der jedoch nie fertig gestellt wurde. Zum Palast von Festos gehörte zu minoischer Zeit der Hafen von Komo (36), der durch Archäologen noch freigelegt wird und daher nicht besichtigt werden kann. Etwa 2 km nordwestlich vom Palast von Festos gelegen befand sich ein weiterer minoischer Palast namens Agia Triada. Die beiden Paläste waren durch einen gepflasterten Pfad miteinander verbunden. Aufgrund der Fundstücke wird vermutet, dass Agia Triada der um 1550 v. Chr. erbaute Palast des minoischen Herrschers war, während der Palast von Festos als wirtschaftliches und religiöses Zentrum diente. Beide minoischen Paläste wurden um 1450 v. Chr. vermutlich durch eine Naturkatastrophe zerstört. Was sich damals genau abspielte und letztendlich zum Untergang der minoischen Kultur geführt hat, ist bis heute nicht geklärt.

Einer der bedeutendsten Funde während der Ausgrabungen ist der Diskus von Festos. Hierbei handelt es sich um eine Tonscheibe mit Ø16 cm, deren Hieroglyphen bis heute nicht entschlüsselt werden konnten; zu besichtigen im Archäologischen Nationalmuseum in Iraklion (42).

Öffnungszeiten Festos:
Mo-So: 8:00-19:00 Uhr in der Hauptsaison
Mo-So: 8:00-17:00 Uhr In der Nebensaison
Eintritt: 4 € (Kombiticket mit Agia Triada 6 €)

Öffnungszeiten Agia Triada:
Di-So: 10:00-16:30 Uhr, Mo geschlossen
Eintritt: 3 € (Kombiticket mit Festos 6 €)

Gut zu verbinden mit: 36, 38, 39, 40

Küstenort Lentas

(38)

Kurzbeschreibung:
Ehemaliges Hippiedorf, das sich bis heute ein wenig Hippie-Atmosphäre bewahren konnte.

Anfahrt: (GPS: 34°55'53,39" N und 24°55'30,23" E)
Von Agii Deka aus fährt man Richtung Mires (39) und erreicht auf der Höhe der Ausgrabungen von Gortis (40) ca. 1,5 km nach dem Ortsausgang die Abzweigung links nach Lentas. Hier folgt man der Straße durch Platanos und Plora, bis kurz vor Apesokari die Straße nach rechts Richtung Lentas abzweigt. Die nächsten 13 km führt eine Passstraße von der Messara-Ebene in die Asterousia-Berge hinauf bis zur Ortschaft Krotos. Von hier oben geht es an der anderen Seite der Berge in ca. 8 km wieder hinab nach Lentas. Atemberaubende Ausblicke machen schon die Anfahrt nach Lentas zu einem Erlebnis für sich.

In dem kleinen Ort an der Südküste geht es noch sehr ruhig zu. Vor allem Rucksacktouristen aus aller Welt zieht es hier her. Manche Gäste bleiben Tage, andere Wochen oder Monate. Es gibt kleine Supermärkte, Tavernen und Bars, die sich um das Wohl ihrer Kunden und Gäste kümmern. Damit man die Zeit in Lentas auch genießen kann, sollte man spätestens auf der Messara-Ebene ausreichend Bargeld abgehoben und das Auto vollgetankt haben. Es gibt in Lentas weder eine Tankstelle noch einen Geldautomat und die Fahrt zurück über die Berge kann sich ziehen, besonders wenn man vergessen hat, vorher zu tanken.

Der Name Lentas stammt von Lenta, was im Altgriechischen Löwe bedeutet. Diesen Namen bekam der Ort wegen dem kleinen Berg, der sich ins Meer hinauszieht. Diese gewaltige Felsformation sieht vom Meer aus betrachtet wie ein Löwe aus. Einer Legende nach lebten früher, als Kreta noch mit dem afrikanischen Festland verbunden war, Löwen an diesem Ort. Als sich Kreta vom afrikanischen Festland löste und sich der riesige Graben begann mit Wasser zu füllen, sprangen die Löwen über den Graben. Nur ein Löwe verpasste den Absprung und blieb auf Kreta zurück. Er war sehr traurig, da er als einziger zurückgeblieben war und weinte so lange, bis er zu Stein erstarrte.

In Lentas gibt es zwei Strände. Einer liegt direkt im Ort, eingerahmt von den Tavernen in Lentas. Ein zweiter Strand liegt von Lentas aus gesehen direkt hinter dem kleinen Berg. Am Dytikos Beach hinter dem Berg wird meist wild gezeltet und nackt gebadet. Einige der Hippies leben in einfachen Behausungen westlich am Strand.

Unterkunftstipp:
Ein Geheimtipp ist das ca. 3 km östlich von Lentas gelegene „Casa Doria" mit einer tollen Aussichtsterrasse, acht schönen und stilvoll eingerichteten Zimmern sowie einem Restaurant. www.casadoria.net Tel.:+30 28920 95376

Gut zu verbinden mit: 36, 37, 39, 40

COOPERATIVE
BANK OF
CHANIA
MITSUBISHI

Wochenmarkt in Mires

39

Kurzbeschreibung:
Jeden Samstag findet auf der dafür gesperrten Hauptstraße ein Wochen- und Krämermarkt in Mires statt.

Anfahrt: (GPS: 35°03'03,54" N und 24°52'29,35" E)
Der Ort Mires liegt auf der Messara-Ebene, von Gortis (40) aus ca. 7 km westlich und von Festos (37) aus ca. 12 km östlich.

Mires ist mit seinen ca. 6.000 Einwohnern die größte Stadt auf der Messara-Ebene. Die kretische Kleinstadt konnte sich bis jetzt ihre Ursprünglichkeit bewahren. Jeden Samstag wird die Hauptstraße in Mires gesperrt und in einen großen Wochenmarkt umfunktioniert. Von 7:00-14:00 Uhr werden Gemüse, Obst, Fisch, Fleisch, Kleidung, Haushaltswaren, Schuhe und allerlei Krimskram angeboten. Der Markt ist noch recht ursprünglich und auf die Bedürfnisse der einheimischen Bevölkerung ausgerichtet. Früher wurde hier noch Vieh gehandelt. Die Bauern aus der Gegend brachten ihre Waren meist noch auf Eseln zum Wochenmarkt und hatten eigens dafür am Westende des Marktes einen Eselparkplatz.

Messara-Ebene:
Die Messara-Ebene liegt ca. 40 km südlich von Iraklion und ist von dort über eine gut ausgebaute Straße zu erreichen. Etwas südlich von Agia Varvara geht die Strecke in eine Passstraße über und führt von oben in die Ebene hinab. Von hier aus hat man einen herrlichen Blick in die Messara-Ebene, die durch ihre landwirtschaftliche Nutzung auch die „Kornkammer Kretas“ genannt wird. Eingeschlossen vom Ida-Gebirge mit Bergen bis 2.456 m Höhe im Norden und den 1.231 m hohen Asteroussia-Bergen im Süden erstreckt sich die Ebene auf ca. 40x10 km.

Restauranttipp:
Gut essen kann man in der Taverne „Sunset“, ca. 10 km von Mires entfernt an der Straße zwischen Petrokefali und Pitsida gelegen.

Unterkunftstipp:
Im etwa 15 km nördlich von Mires gelegenen Zaros, liegt das familiär geführte und kleine Hotel „Keramos“ in der Ortsmitte. Spezialität des Hauses ist das Frühstück mit verschiedenen nach alten Familienrezepten selbstgemachten Blätterteigpasteten. Hier erlebt man kretische Gastfreundschaft und Herzlichkeit hautnah. Gutes Preis-Leistungsverhältnis.
www.studiokeramos-zaros.gr Tel.: +30 28940 31352

Ausflugstipp:
Zahlreiche Quellen entspringen in den Bergen oberhalb von Zaros und münden in den Votomos-See. Das Wasser aus den Quellen wird auch in Flaschen abgefüllt und auf ganz Kreta verkauft. Im See werden auch Forellen und Lachse gezüchtet.

Gut zu verbinden mit: 36, 37, 38, 40

Ausgrabungen von Gortis

40

Kurzbeschreibung:
In Stein gemeißelte Gesetzestexte und viele weitere Ausgrabungen dokumentieren das Leben in der Antike.

Anfahrt: (GPS: 35°03'42,42" N und 24°56'53,28" E)
Die antiken Überreste der Stadt Gortis liegen ca. 40 km südlich von Iraklion (42) direkt an der Straße zwischen Agii Deka und Mires (39). Der Parkplatz befindet sich ca. 1,5 km nach Agii Deka an der Abzweigung nach Lentas (38) auf der rechten Seite.

Geschichte:
Nach dem Untergang der minoischen Kultur waren auf Kreta die meisten Machtzentren und Paläste zerstört. Gortis entwickelte sich mit seinen Häfen in Lentas und Matala unter den Dorern in der Zeit von 1100 v. Chr. bis 500 v. Chr. zum einflussreichsten Zentrum auf Kreta. In der Zeit von 67 v. Chr. bis 395 n. Chr. wird Gortis weiter ausgebaut und zur Inselhauptstadt unter römischer Führung. Erst nach der Eroberung Kretas durch die Araber im Jahre 824 n. Chr. verliert Gortis an Bedeutung.

Titus-Basilika:
Titus, der 65 n. Chr. mit dem Apostel Paulus nach Kreta kam, wurde in Gortis erster Bischof auf Kreta. Die Titus-Basilika wurde wahrscheinlich an der Stelle erbaut, an der früher eine kleine Kirche stand und an der Titus ca. 100 n. Chr. enthauptet wurde.

In Stein gemeißelte Gesetzestexte:
Etwas weiter hinter den Resten der Titus-Basilika findet man neben dem ehemaligen Theater die Gesetzestexte von Gortis. Hier wurde das Stadtrecht in der Zeit zwischen 500 v. Chr. und 450 v. Chr. auf insgesamt 20 Gesetzestafeln mit ca. 17.000 Buchstaben in Stein gemeißelt. 12 dieser Tafeln können in einem überdachten und durch Gitter geschützten Raum besichtigt werden. Die Gesetzestexte waren früher öffentlich für jeden Einwohner einsehbar. In ihnen waren u.a. Ehebruch, Erbrecht usw. geregelt. Gelesen wurden die Zeilen abwechselnd von links nach rechts und rechts nach links.

Weitere Sehenswürdigkeiten:
- Die angeblich immergrüne Platane befindet sich am Ufer des Flusses hinter dem Theater mit den Gesetzestexten. Die Pflanze soll auch im Winter ihre Blätter behalten.
- Das Amphitheater südlich der Straße nach Mires und östlich von der Straße nach Lentas.
- Das weitläufige Ausgrabungsgelände von Gortis befindet sich links und rechts von der Hauptstraße.

Öffnungszeiten: Tägl. 8:00-17:00 Uhr
Eintritt: ca. 4 €

Gut zu verbinden mit: 36, 37, 38, 39

Ausgrabungen von Knossos

41

Kurzbeschreibung:
Der Palast von Knossos war die größte und bedeutendste Anlage auf Kreta zu minoischer Zeit.

Anfahrt: (GPS: 35°17'57,85" N und 25°09'39,84" E)
Von Iraklion aus verlässt man die Stadt auf der Leof. Knosou Straße in südlicher Richtung und erreicht die Palastanlage von Knossos nach dem Ortsausgang von Iraklion links gelegen.

Die Überreste der großen Palastanlage wurden erst 1900 entdeckt und unter Leitung des Briten Sir Arthur Evans freigelegt und teilweise auch rekonstruiert. Aufgrund der Funde sowie den Ausgrabungen wird vermutet, dass die beeindruckende Anlage von Knossos in der Zeit von 2100 bis 1800 v. Chr. errichtet wurde. Bereits um 1700 v. Chr. wurde Knossos, wie auch andere Paläste aus der minoischen Zeit, vermutlich durch ein Erdbeben zerstört. Die Palastanlage wurde aber bereits um 1600 v. Chr. erneut aufgebaut. Diesmal noch größer und schöner als zuvor. Es wird vermutet, dass zu dieser Blütezeit über 10.000 Menschen in der Palastanlage gelebt haben. Die meisten der zu besichtigenden Funde und Ausgrabungen stammen aus dieser Zeit. Der Palast hatte mehrere Vorratsräume, in denen unter anderem Wein, Öl, Oliven, Honig und Getreide in übergroßen Tongefäßen gelagert wurden. Für damalige Verhältnisse war die Baukunst erstaunlich weit entwickelt. So gab es unter anderem ein aus Steinrinnen und Tonröhren bestehendes Wasserleitungssystem, das teilweise auch unter der Erde verlaufen ist. Hiermit wurde Regenwasser für die Wasserversorgung aufgefangen und in kleine Zisternen geleitet. Nach gleichem Prinzip gab es auch ein Kanalisationssystem, an das auch eine Toilette angeschlossen war. Um die Räume tagsüber aufzuhellen, baute man Lichtschächte, durch die das Licht hineinscheinen konnte. Mit ihnen wurden teilweise mehrere Stockwerke gleichzeitig beleuchtet. Viele Räume waren mit aufwändigen Fresken geschmückt. Der Palast bestand aus einem großen und rechteckigen Innenhof, der von vier Gebäudeflügeln eingerahmt wurde. Wie in der damaligen Zeit üblich, lagen die Paläste etwas versteckt im Hinterland und hatten einen oder mehrere dazu gehörige Häfen. Einer der beiden zu Knossos gehörenden Häfen lag in der Nähe von Iraklion. Da die minoischen Paläste keine Schutzmauern hatten, vermuten Archäologen, dass die Minoer eine starke Schiffsflotte hatten, mit denen sie verhinderten, dass andere Völker auf die Insel kamen. Wie alle anderen minoischen Paläste, wurde auch dieser aus über 1200 Räumen bestehende Palast mit dem Untergang der minoischen Kultur um 1450 v. Chr. zerstört. Was damals genau geschah und zum Untergang der minoischen Kultur auf Kreta geführt hat, ist bis heute nicht eindeutig geklärt.
Eintritt: ca. 6 €
Öffnungszeiten: Mo-So: 8:00-19:00 Uhr.
Von Okt-Mai: Mo-Fr: 8:30-15:00 Uhr,

Gut zu verbinden mit: 42

Küstenort Iraklion

42

Kurzbeschreibung:
Etwa ein Fünftel aller Kreter wohnen in Iraklion, der Hauptstadt Kretas. Iraklion ist die fünftgrößte Stadt Griechenlands.

Anfahrt: (GPS: 35°20'26,34" N und 25°08'22,12" E)
Die meisten Besucher Kretas werden mit dem Flugzeug oder Schiff in Iraklion ankommen. Wer die Stadt anschauen möchte und mit eigenem Auto unterwegs ist, der sollte in der Nähe des Hafens parken. Von hier lässt sich die Stadt am besten erkunden.

Die größte Stadt Kretas liegt an der Nordküste der Insel. Direkt zwischen dem venezianischen Hafen mit den Fischerbooten und Yachten und dem größeren Fährhafen liegt die gewaltige venezianische Festung „Kastro Koules“ am Ende der Mole. Von der zwischen 1523-1540 erbauten Festung mit Gewölbekeller genießt man einen tollen Blick auf den Hafen und die Stadt. Die Festung wurde lange als Gefängnis genutzt. Eintritt: ca. 2 € Öffnungszeiten: Di-So: 8:30-18:00 Uhr (in der Nebensaison kürzer)

Rund um den venezianischen Hafen kann man in den vielen kleinen Gassen schlendern. Etwa 250 m südwestlich gelegen befindet sich der kleine „El Greco Park“. Etwas südlich vom Park gelegen befindet sich der „Morosini-Brunnen“. Von hier überquert man den angrenzenden Platz und gelangt in die Marktstraße Odos 1866, auf der zahlreiche Händler ihre Waren anbieten. Lohnend ist auch ein Abstecher in die kleinen Seitenstraßen im südlichen Bereich der Marktstraße. Der Markt sollte am besten vormittags besucht werden, um möglichst viel von dem bunten Marktgeschehen direkt zu erleben. Etwa 200 m westlich der Marktstraße lohnt ein Besuch der mit schönen Fresken geschmückten Kathedrale „Agios Minas“, die zugleich auch Bischofssitz ist. Bitte Schultern bedecken und keine Shorts tragen. Gegenüber gibt es ein sehenswertes Ikonenmuseum.

Museumstipp:
Etwa 500 m südöstlich vom venezianischen Hafen gelegen befindet sich das Archäologische Nationalmuseum. Hier kann man eine umfangreiche Sammlung mit Fundstücken aus der minoischen Zeit sehen. Es ist unter anderem auch der weltberühmte Diskus von Festos (37) mit seinen bis heute nicht entschlüsselten Hieroglyphen ausgestellt. Eintritt: ca. 4 € Öffnungszeiten:
Mai-Sept: Mo: 13:00-19:30 Uhr und Di-So: 8:00-19:30 Uhr
Okt-April: Mo: geschlossen, Di-So: 8:00-17:00 Uhr

Restauranttipp:
Nur ca. 100 m westlich des venezianischen Hafens gelegen befindet sich das „Paralia Seaside Restaurant“ mit schöner Aussichtsterrasse direkt an der Uferpromenade. Hier speist man gut mit einem schönen Blick auf das Meer.
www.paraliacrete.gr Tel.: +30 28102 82475

Gut zu verbinden mit: 41

Die schönsten Autotouren: Mitte 1

Kurzbeschreibung: (ca. 115 km, Fahrzeit ca. 165 Min.)
Diese Tour führt von Rethimnon durch eine beeindruckende Schlucht an die Südküste zu einsamen Stränden und einer guten Fischtaverne in Plakias.

Diese Tour beginnt in Rethimnon (25) und führt von dort ins Landesinnere über Armeni in Richtung Spili. Etwa 11 km nach Armeni zweigt die Straße nach rechts Richtung Koxare und Plakias ab.
Die Strecke führt über Koxare durch die beeindruckende Kourtaliotiko-Schlucht an die Südküste nach Plakias (32). In Plakias und etwas westlich am Strand von Souda (31) gibt es mehrere Bademöglichkeiten. Nach einem ersten Badestopp folgt man der Straße etwas westlich von Plakias hinauf in die Berge zum Bergdorf Sellia (31). Hierbei bieten sich immer wieder schöne Ausblicke auf die Küste. In Sellia lohnt ein kleiner Spaziergang am Dorfplatz und durch die wenigen umliegenden Gassen, in denen sich einige Künstler niedergelassen haben. Nach einem kurzen Stopp geht es um den ca. 400 m hohen Berg Kastri herum nach Kato Rodakino. Im Ort angekommen fährt man wieder zur Küste hinab und gelangt zum Koraka-Beach (30) sowie zur einsam gelegenen Strandtaverne von Rodakino (29) mit schönen natürlichen Schattenplätzen. Leider sind die letzten ca. 300 m bis zu dieser einfachen Taverne nur über einen sehr unebenen Feldweg zu erreichen. Nach einer Rast mit Strandbesuch geht es auf gleicher Strecke wieder zurück nach Rethimnon.

Die schönsten Autotouren: Mitte 2

Kurzbeschreibung: (ca. 105 km, Fahrzeit ca. 135 Min.)
Schöne Tour an die Südküste mit Zwischenstopp in Spili, bei der vor allem Badefreunde auf ihre Kosten kommen.

Startpunkt für diese Tour ist Rethimnon (25) an der Nordküste Kretas. Das erste Stück dieser Route führt südlich über Armeni der Straße entlang bis nach Spili (28), dem Ort mit dem Bischofssitz und dem Brunnen mit den 25 wasserspeihenden Löwenköpfen. Nach einem Spaziergang im Ort geht es auf der Hauptstraße weiter in Richtung Agia Galini. Kurz nach Nea Kria Vrisi zweigt eine Straße nach rechts ab. Dieser Straße folgt man über das Bergdorf Saktouria zur Küste hinab bis nach Agios Pavlos (34). Das Besondere sind die Gesteinsfaltungen (35) auf dem kleinen Kap, die auch immer wieder als Postkartenmotiv dienen. In der Nähe der Gesteinsfaltungen kann man das Auto parken, um die Dünenstrände (34) zu erkunden. Hierbei handelt es sich um Sandverwehungen, die sich den ganzen Berg hinauf ziehen. In westlicher Richtung befinden sich weitere kleine Buchten mit solchen Verwehungen. Der breite Strand von Triopetra (33) liegt weiter westlich und ist von Agios Pavlos aus bequem mit dem Auto zu erreichen. Mit den drei großen im Meer stehenden Felsnadeln erinnert der Strand und Küstenabschnitt ein wenig an die 12 Apostel an der Great Ocean Road in Australien. Nach einem Badestopp am Strand geht es über Akoumia und Spili zurück an die Nordküste nach Rethimnon.

Die schönsten Autotouren: Mitte 3

Kurzbeschreibung: (ca. 150 km, Fahrzeit ca. 190 Min.)
Diese für Geschichtsinteressierte informative Tour führt zum Kloster Arkadi, der Melidoni-Höhle und dem Bergdorf Anogia. Alle drei Stationen haben eine traurige Vergangenheit aus den Zeiten, als Kreta von den Türken und Deutschen besetzt war.

Ausgangspunkt für diese Tour ist Rethimnon im Norden Kretas. Hier fährt man auf der Küstenstraße etwa 10 km in östlicher Richtung bis zur Ausfahrt Stavromenos. Dort biegt man ins Landesinnere Richtung Magnisia ab und erreicht über Roupes nach ca. 15 km das Kloster Moni Arkadi (27). Das Kloster ging durch einen kollektiven Selbstmord der im Kloster eingeschlossenen Kreter in die Geschichte ein. Nach dem Besuch des Klosters fährt man auf gleicher Straße wieder zurück zur Küstenstraße und biegt in Stavromenos rechts Richtung Iraklion ab. Etwa 15 km nach Stavromenos zweigt eine kleine Ausfahrt mit Beschilderung „Melidoni Cave“ (26) ab. Ab hier folgt man den Wegweisern ins Landesinnere bis zur Höhle. In der beleuchteten Höhle erinnert ein Schrein mit den Gebeinen der Getöteten an das Massaker aus dem Jahre 1824. Nach einem Besuch der Höhle geht es von Melidoni über Agia und Garazo in das noch ursprüngliche Bergdorf Anogia (30). Als die Deutschen im Zweiten Weltkrieg erfuhren, dass es aus dem Ort Unterstützung bei der Entführung des deutschen General Kreipes gegeben hatte, wurde der Ort von deutschen Truppen dem Erdboden gleich gemacht und viele Kreter getötet.
Die Rückfahrt erfolgt von Anogia über Garazo bis auf die Küstenautobahn E75 und von dort weiter bis nach Rethimnon.

Die schönsten Autotouren: Mitte 4

Kurzbeschreibung: (ca. 145 km, Fahrzeit ca. 190 Min.)
Auf dieser Tour lassen sich beeindruckende Ausgrabungen mit mehreren tollen Badestränden verbinden.

Die Tour beginnt in Gortis (40) nahe Mires im Süden der Insel. Hier kann man neben weiteren Ausgrabungen die in der Zeit zwischen 500 v. Chr. und 450 v. Chr. auf insgesamt 20 Gesetzestafeln mit ca. 17.000 Buchstaben in Stein gemeißelten Stadtrechte von Gortis ansehen. Wer die Tour samstags unternimmt, kann danach noch einen Abstecher auf den Krämermarkt in Mires (39) unternehmen. Von Mires geht es weiter in westlicher Richtung zu den Ausgrabungen von Festos (37), der zweitgrößten Palastanlage aus minoischer Zeit auf Kreta.

Nach einer Besichtigung der Ausgrabungen bietet sich ein erster Badestopp am Strand von Komo (36) an. Nach einem Badestop geht es über Kokkinos Pirgos und Agia Galini nach Agios Pavlos zu den Gesteinsfaltungen (35) und dem Sandy-Beach (34) mit Sandverwehungen, die sich ca. 50 m den Hang hoch ziehen. In den Nachbarbuchten in westlicher Richtung befinden sich weitere einsame Strände mit hohen Sandverwehungen. Badefreunde können mit dem Auto noch etwas weiter nach Westen zum breiten und meist wenig frequentierten Strand von Triopetra (33) fahren. Benannt ist der Strand nach den drei Felsnadeln, die am Ostende am Strand aus dem Meer ragen und an die zwölf Apostel in Australien erinnern. Der Rückweg erfolgt bis Xerokambos auf gleicher Strecke. Dann geht es weiter über Timbaki und Mires zum Ausgangspunkt nach Gortis.

Kretisches Meer
Libysches Meer
Autotour Osten 1
Autotour Osten 2
Autotour Osten 3
Autotour Osten 4
Ag. Ioannis
Vrouchas
Milatos
Sissi
Malia
Malia
Krassi
Plaka
Kalidon
Spinalonga
Driros
Neapolis
Elounda
Olous
Elinika
Trapeza-Höhle
Golf v. Mirabello
Agios Nikolaos
Psira
Tapes
Lato
Kritsa
Ag. Georgios
Kroustas
Mochlos
Tholos
Dikti-Geb.
Dikti
2148 m
Katharo-Hochebene
Istro
Gournia
Pachia Ammos
Kavoussi
Lastros
Sfaka
Kalamafka
Sarakino-Schlucht
Pefkos
Kalami
Mirtos
Arvi
Tertsa
Ierapetra
Europäischer Fernwanderweg
Koutsounari
Koutsouras
Chrissi
Nissi Dionisiades
Kalavros
Sitia
E 75
Skopi
Petras
Messa Mouliana
Ep. Episkopi
Chandras-Hochebene
Hrissopigi
Chandras
Moni Toplou
Vai
Itanos
Akrotiri Sideros
Elassa
Palekastro
Akrotiri Plaka
Langada
Chochlakies
Zakros
Tal der Toten
Kato-Zakros
Ziros
Chametoule
Xerokambos
Kalo Horio
Agia Irini
Goudouras
Koufonissi
E4
43
44
45
46
47
48
49
50
51
52
53
54
55
56
57
58
59
60
61
62
63
64
65
66
Unterkunftstipp
Restauranttipp
Museumstipp
Aussicht
Strand
Wanderweg
0
20 km

DER OSTEN

Küstenstraße von Mirtos nach Tertsa

43

Kurzbeschreibung:
Idyllische schmale Küstenstraße zu einem kleinen Ort, in dem es noch so zugeht, wie es in Kreta vielerorts vor 20 Jahren war.

Anfahrt: (GPS: 35°00'11,04" N und 25°34'47,93" E)
Der Küstenort Mirtos (44) liegt 14 km westlich von Ierapetra an der Südküste. Bei der Abzweigung nach Mirtos muss man in den Ort fahren und dort der kleinen Hauptstraße durch den Ort folgen. Am Ortsausgang beginnt die schmale und 6 km lange Küstenstraße nach Tertsa, einem Ort, in dem die Zeit vor 20 Jahren stehen geblieben zu sein scheint. Es geht entspannt zu in Tertsa. Ein kleiner Minimarkt versorgt die Einheimischen und wenigen Touristen im Ort mit dem Nötigsten.

Ausflugstipp:
Rechts neben der Taverne „Lambros“ führt eine unbefestigte Straße ca. 500 m ins Landesinnere zu einer Kirche mit großen Palmen. Da die Straße sehr uneben ist, sollte die Strecke bis zur Kirche zu Fuß zurückgelegt werden.

Strandtipp:
Es gibt einige Strände direkt an der Küstenstraße zwischen Mirtos und Tertsa. Die schöneren und noch einsameren Strände befinden sich jedoch hinter dem Ort Tertsa in westlicher Richtung und sind am besten von dort zu Fuß zu erreichen.

Ausflugstipp:
Auf der Weiterfahrt von Tertsa Richtung Nordwesten kann man einen Abstecher in das verlassene Bergdorf Kalami unternehmen. In den Häusern und Hausruinen wohnen nur noch sehr wenige Menschen. Alles wirkt, als wäre der Ort erst kürzlich verlassen worden. Ein wenig unheimlich kann es einem da in den kleinen Gässchen schon werden.

Restauranttipp:
In Tertsa ist die Taverne „Lambros“ zu empfehlen. Es ist die mittlere der drei im Ort befindlichen Tavernen. Die Taverne überzeugt durch leckeres Essen, freundliche Bedienung, entspannte Atmosphäre und ihre schöne Lage direkt am Strand.
www.tertsa.gr Tel.: +30 28950 61437

Hinweise:
- Für Wohnmobile ist diese Strecke nicht geeignet, da es in Mirtos und auf der teilweise nicht asphaltierten Küstenstraße einige recht schmale Straßenabschnitte gibt.
- Sonnenschirm- und Liegenverleih in Tertsa
- Ein idealer Ort zum Entspannen

Gut zu verbinden mit: 42, 44, 45, 46

We have
fresh fruits
and
vegetables
local cheese
honey and
traditional
cretan
products
Coca-Cola

Küstenort Mirtos

44

Kurzbeschreibung:
Bei Individualtouristen beliebter kleiner Ferienort mit einer Strandpromenade an der Südküste.

Anfahrt: (GPS: 35°00'14,38" N und 25°35'03,58" E)
Mirtos liegt ca. 15 km westlich von Ierapetra an der Südküste und ist über eine gut ausgebaute Küstenstraße zu erreichen. Etwa 2 km vor der Abzweigung nach Mirtos liegt eine Kapelle (45) in schöner Lage direkt am Meer.

Obwohl Mirtos wie viele andere Orte auch immer touristischer wird, konnte sich der kleine Ort seinen Charme bisher bewahren. Die Einheimischen verleihen dem Ort zusammen mit den Individualtouristen und einigen Künstlern ein besonderes Flair. Es gibt kleine Shops und Supermärkte, die die Menschen im Ort mit allem Nötigen versorgen. Im Ort werden auch Zimmer vermietet. In den Cafés und Tavernen an der kleinen Strandpromenade sitzt man schön mit Blick auf den Strand und das Meer.

Museumstipp:
Oberhalb der alten Kirche befindet sich ein kleines Museum, in dem neben antiken Funden auch Kriegsgerät aus dem Zweiten Weltkrieg ausgestellt wird, um an die Grausamkeiten der Deutschen während des Krieges zu erinnern.
Öffnungszeiten: Mo-Fr: 9:00-13:00 Uhr Eintritt: frei

Strandtipp:
Es gibt einen ca. 1 km langen Sandkiesstrand direkt am Ort, der sich weit nach Westen zieht. Am Strand werden Liegestühle und Sonnenschirme vermietet. Auch Strandduschen sind vorhanden. Wenn man die teilweise unbefestigte Küstenstraße nach Tersa fährt (43), findet man immer wieder menschenleere Strand- und Küstenabschnitte.

Ausflugstipp:
Wer möchte, kann eine halbstündige Wanderung zu den Ausgrabungen von Pirgos unternehmen. Hierzu muss man von Mirtos die Küstenstraße ein kleines Stück zurück Richtung Ierapetra laufen und nach der Brücke über das Flussbett links in den Feldweg einbiegen. Von hier zweigt ein schmaler Pfad nach rechts ab, der zu den antiken Überresten des ehemaligen Landhauses aus minoischer Zeit führt. Wer es bis hier oben geschafft hat, wird mit einem tollen Blick auf Mirtos und das Meer belohnt. Wander- und Kletterfreunde sollten von Mirtos unbedingt einen Ausflug in die wilde Sarakino-Schlucht unternehmen (46).

Hinweise:
- Die Straßen in Mirtos und an der Küste nach Tersa sind teilweise sehr eng und für Wohnmobile nicht geeignet.

Gut zu verbinden mit: 42, 43, 45, 46

Kapelle bei Mirtos

45

Kurzbeschreibung:
Schönes Fotomotiv, das sich gut mit einem Ausflug zur Insel Chrissi verbinden lässt.

Anfahrt: (GPS: 35°00'26,12" N und 25°36'57,86" E)
Die Kapelle befindet sich an der Küstenstraße zwischen Ierapetra und Mirtos ca. 2 km vor der Abzweigung nach Mirtos.

Da die Kapelle von Gewächshäusern umgeben ist, gibt es weder von der Straße noch vom Meer her einen direkten Zugang zur Kapelle. Da es sich bei der Kapelle durch die tolle Lage direkt am Meer um ein schönes Fotomotiv handelt, das sich gut mit weiteren Ausflugszielen in der Gegend verbinden lässt, wird sie hier dennoch erwähnt.

Ausflugstipp:
Ab Ierapetra bietet sich ein Tagesausflug zur Insel Chrissi an. Die ca. 5 x 1,5 km große Insel liegt etwa 14 km von Ierapetra entfernt im Libyschen Meer. Heiratswillige Paare kommen vor der Hochzeit gerne hierher, denn der Legende nach hält die Ehe dann ein Leben lang.

Durch die Traumstrände auf der Insel zieht es aber auch andere Reisende hierher. Der „Golden Beach" mit seinen prachtvollen Sanddünen und dem türkisblauen Wasser ist der schönste Strand auf der Insel. Er befindet sich in der Nähe der Anlegestelle im Osten der Insel. Man sollte sich unbedingt zu Fuß aufmachen, um die Insel mit den vielen Zedernbäumen zu erkunden. Die Insel steht unter Naturschutz. Bitte nur Fotos und schöne Erinnerungen mitnehmen und nichts hinterlassen außer die Fußspuren im Sand.

Anreise zur Insel Chrissi:
In ca. 45 Min. kann man ab Ierapetra in den Sommermonaten täglich mit Ausflugsbooten zur Insel Chrissi fahren. Abfahrtszeiten sind um ca. 10:30 Uhr und im Sommer zusätzlich um 12:30 Uhr. Preis: ca. 25 € für Hin- und Rückfahrt.

Abreise von der Insel Chrissi:
Ab Chrissi täglich um ca. 16:00 Uhr. Die Abfahrtszeit sollte vorher zusätzlich erfragt werden, um nicht alleine auf der Insel zurück zu bleiben.

Hinweise:
- Ausreichend Wasser mitnehmen, da es auf Chrissi nur zwei kleine Tavernen und keinen Kiosk gibt.
- Feste Schuhe mitnehmen, um die Insel zu erkunden.
- Sonnenschirm- und Liegenverleih in den Sommermonaten.

Gut zu verbinden mit: 42, 43, 44, 46

Schlucht von Sarakino

46

Kurzbeschreibung:
Sehr abwechslungsreiche und schöne Wander- und Klettertour durch eine imposante Felsenschlucht. Die Tour ist durch viele Felsen und Bachläufe, die es zu überqueren gilt, anspruchsvoll.

Anfahrt: (GPS: 35°02'51,90" N und 25°34'48,37" E)
Auf der Verbindungsstraße von Ierapetra nach Ano Viannos (42) biegt man kurz nach Mirtos (44) rechts ab Richtung Mithi und Males. Man erreicht Mithi nach ca. 6 km und fährt durch den Ort hindurch. Ca. 1 km nach dem Ortsausgangsschild liegt links ein kleiner Parkplatz neben einem kleinen Wasserwerk. Hier beginnt die Wanderung durch die Schlucht im Dikti-Gebirge.

Die erste Etappe führt über eine gemauerte Rinne links am Wasserwerk vorbei zum Schluchteingang. Durch einen riesigen Spalt zwischen zwei hohen Felswänden betritt man die Schlucht. Bereits hier muss man, je nach Wasserstand, mehrmals über aus dem Wasser ragende Steine den Bach überqueren. Nachdem man den hohen Felsgang hinter sich gelassen hat, türmen sich teilweise mehrere Meter hohe Felsen in der Schlucht auf. Diese müssen in der leicht ansteigenden Schlucht überwunden werden. In den Fels geschlagene Stufen oder Holzleitern erleichtern das Überwinden der Hindernisse. Es muss wesentlich mehr geklettert als gewandert werden. Die Strecke steigt insgesamt ca. 300 Höhenmeter an und bleibt bis zum Ende der Schlucht durch die vielen Hindernisse aus Fels und Stein sehr anspruchsvoll und abwechslungsreich. Durch das Wasser können die Steine und Felsen, die man überwinden muss, sehr rutschig sein. Hier muss man besonders vorsichtig sein.

Am Ende der Schlucht kann man entweder die gleiche Strecke zurücklaufen, oder man folgt dem Bachbett weiter, bis man rechts durch einen Olivenhain auf die Verbindungsstraße zwischen Mithi und Males trifft. Von hier erreicht man nach ca. 4 km in Richtung Mithi den Parkplatz am Wasserwerk.

Hinweise:
- Reine Gehzeit mit Hin- und Rückweg ca. 2,5 Stunden
- Schwierigkeitsgrad: schwer durch viele Kletterpartien
- Die Schlucht ist frei zugänglich und kostet keinen Eintritt
- Im Frühjahr und Winter ist die Schlucht aufgrund großer Wassermengen nicht begehbar
- Für Kinder nicht geeignet
- Die Schlucht nicht alleine durchwandern
- Mehr Kletter- als Wandertour
- Markierungen: Rote Punkte
- Gute Wanderschuhe oder Trekkingsandalen erforderlich

Gut zu verbinden mit: 42, 43, 44, 45

Schmetterlingsschlucht

47

Kurzbeschreibung:
Abwechslungsreiche Wanderung mit einem tollen Wasserfall und vielen auf Kreta vorkommenden Schmetterlingen.

Anfahrt: (GPS: 35°02'06,11" N und 25°55'58,52" E)
Die Schlucht liegt ca. 20 km östlich von Ierapetra direkt an der Küstenstraße. Der Parkplatz der Schlucht befindet sich ca. 1 km vor dem Ort Koutsouras bei dem Schild mit der Aufschrift „Communal Park of Koutsoura".

Vom Parkplatz aus läuft man die ersten 15 Min. auf einem Fahrweg, dann geht der Weg in einen Trampelpfad über. Der Weg windet sich um Felsen herum mit einem ständigen Bergauf und Bergab dem Bach entlang, bis ein Wasserfall den Weg versperrt. Mit Hilfe einer dort angebrachten Holzleiter, an der mehrere Sprossen fehlen und die notdürftig mit einem Seil geflickt wurde, muss der Wasserfall umklettert werden.

Der weitere Weg führt an Felsen entlang. Nach einer Weile ist man von meterhohem Schilf umgeben. Immer wieder muss der Bach mit Hilfe dort liegender Steine oder Baumstämme überquert werden. Die Schlucht öffnet sich später und der Pfad wird einfacher zu begehen. Nach insgesamt ca. 1 Std. kommt man zu einer gemauerten Rinne mit einer darin verlegten Wasserleitung. Dieser Rinne folgt man. Der Pfad wird wieder schwieriger zu gehen, da er stark zugewachsen ist. Mit Mühe muss man sich durch das Dickicht kämpfen. Nach einer Bachüberquerung erreicht man schließlich eine kleine weiße Kapelle. Durch Olivenhaine und beackerte Felder gelangt man zu einer einfachen Holzbrücke, die die Schlucht überspannt. Die letzte Etappe des Hinwegs führt wieder zum Bach hinab. Der Rückweg erfolgt auf gleicher Strecke.

Hinweise:
- Reine Gehzeit mit Hin- und Rückweg ca. 5 Std.
- Schwierigkeitsgrad: mittel - schwer
- Die Schlucht ist frei zugänglich und kostet keinen Eintritt
- Wegmarkierungen: rote Punkte und gelbe Pfeile

Restauranttipp:
Wenn man in den Nachbarort Koutsouras weiterfährt und der Hauptstraße folgt, kommt im Ort in einer Linkskurve die von außen unscheinbare Taverne „Kalliotzina". Die schöne Terrasse und das leckere Essen zeichnen diese einfache Taverne aus.

Unterkunftstipp:
Die „Koutsounari Traditional Cottages" mit Pool liegen in schöner Aussichtslage ca. 9 km östlich von Ierapetra im Ort Koutsounari. Man wohnt in einem der 12 sehr stilvoll eingerichteten Natursteinhäuser. www.traditionalcottages.gr Tel.: +30 28420 61815

Gut zu verbinden mit: 49, 59, 61

Panoramastraße von Chametoule nach Xerokambos

48

Kurzbeschreibung:
Während der Abfahrt bieten sich immer wieder Traumausblicke auf die Küste und die vorgelagerten Kavali-Inseln im Meer.

Anfahrt: (GPS: 35°02'15,64" N und 26°11'45,31" E)
Von Sitia aus fährt man ins Landesinnere Richtung Südküste und Makrigialos. Nach ca. 10 km biegt man in Episkopi nach links Richtung Chandras ab und fährt weiter in das ursprüngliche Bergdorf Ziros. Hier folgt man der Beschilderung über Chametoule nach Xerokambos und kann auf diesem letzten Stück traumhafte Ausblicke auf die Küste und Xerokambos mit den weit verstreut stehenden Häusern genießen.

Da Xerokambos bis vor wenigen Jahren nur über kilometerlange staubige, unbefestigte Pisten zu erreichen war, haben nur wenige Touristen die Strapazen der Anfahrt auf sich genommen. Heute ist Xerokambos im äußersten Südosten Kretas von Ziros und auch von Zakros aus über gut ausgebaute Straßen zu erreichen. Trotzdem spielt der Tourismus hier noch eine untergeordnete Rolle. Vereinzelt werden Zimmer vermietet. Ein paar Tavernen sowie ein kleiner Supermarkt kümmern sich um das Wohl der Einheimischen und Gäste. Wenn man die Küste in südlicher Richtung wenige Kilometer weiterfährt, erreicht man eine kleine geschützte Bucht, die von Fischern als Anlegeplatz für ihre kleinen Boote genutzt wird. Da in Xerokambos alles weit auseinander liegt, ist ein Auto in dieser dünn besiedelten Gegend unbedingt erforderlich. Der nächste Geldautomat sowie die nächste Tankstelle befinden sich in Zakros. Ruhe suchende Urlauber werden in Xerokambos voll auf ihre Kosten kommen.

Strandtipp:
Verschiedene kleine Badebuchten mit Sandstränden reihen sich in Xerokambos aneinander, teilweise werden sie durch Felsabschnitte getrennt. Durch die Sand- und Felsabschnitte kommen hier Bade- und Schnorchelfreunde gleichermaßen in dem oft türkisfarbenen Wasser auf ihre Kosten.

Wenn man von Zakros aus kommend nach Xerokambos fährt, sieht man auf der linken Seite in der langgezogenen Bucht einen schönen ca. 100 m langen Dünenstrand. Er ist mit dem Auto über einen unbefestigten Weg zu erreichen. Mit dem Auto kann man bis zu einem kleinen Parkplatz fahren und muss die restlichen ca. 200 m zu Fuß über einen schmalen Pfad durch Macchia und die angrenzenden Dünen bis zum Strand laufen.

Hinweise:
- Kein Sonnenschirm- und Liegenverleih
- Die Strände sind nicht bewirtschaftet

Gut zu verbinden mit: 49, 50, 51, 59

Verlassenes Dorf Voila

49

Kurzbeschreibung:
Altes verlassenes Dorf mit vielen Mauerresten, zwei Brunnen und einer kleinen Kapelle.

Anfahrt: (GPS: 35°05'09,38" N und 26°06'22,73" E)
Im Osten Kretas auf der Hochebene von Chandras befindet sich das verlassene Dorf Voila. Besonders schön ist die Anfahrt von Xerokambos auf der neuen Passstraße über Ziros nach Chandras. Im Ort Chandras muß man sich rechts halten und der Beschilderung ca. 1 km weiter bis zum verlassenen Dorf Voila folgen.

Alternativ kann man auf der Straße von Sitia nach Makrigialos bei Episkopi nach Chandras abbiegen und dort der Beschilderung nach Voila folgen.

Geschichte:
Der verlassene Ort Voila hatte seine Blütezeit in der venezianischen Epoche. Im Jahre 1583 lebten etwa 300 Einwohner in dem kleinen Dorf. Auch während der türkischen Zeit war der Ort bewohnt, wie die am Eingang des Wohnturms in Stein gemeißelten Ornamente beweisen. Es ist neben türkischen Symbolen auch die Zeit der Erbauung im Jahre 1740 und 1741 angegeben. Es wird jedoch vermutet, dass der Wohnturm bereits zur venezianischen Zeit erbaut wurde und 1740 und 1741 in der türkischen Epoche lediglich repariert oder erweitert wurde.

Venezianischer Wohnturm:
Hierbei handelt es sich um einen festungsähnlichen Turm mit zwei Etagen und hohen Decken. Eine steinerne Treppe führt in den oberen Stock. Der Eingang ist mit zahlreichen in Stein gemeißelten Ornamenten versehen.

Kapelle Agios Georgius:
Mit etwas Glück ist die Kapelle nicht verschlossen und man kann einen Blick hineinwerfen. Auf der rechten Seite sieht man einige leider nicht mehr gut erhaltene Wandmalereien.

Brunnen:
Es gibt in Voila noch zwei funktionierende Brunnen. Der eine steht am Ortsrand und bewässert einen nahegelegenen Garten. Der andere Brunnen steht an der Zufahrtsstraße nach Voila.

Neben den oben erwähnten Bauten gibt es noch zahlreiche verlassene und verfallene Hausruinen und Gassen zu sehen.

Hinweise:
- Das Dorf ist frei zugänglich
- Eintritt: frei

Gut zu verbinden mit: 47, 48, 50, 51, 59

Kato Zakros und das Tal der Toten

(50)

Kurzbeschreibung:
Ausgrabungen, eine Schluchtenwanderung und Tavernen in toller Strandlage lassen sich hier gut miteinander verbinden.

Anfahrt: (GPS: 35°05'52,24" N und 26°15'47,76" E)
Von Sitia kommend folgt man der Küstenstraße Richtung Osten bis nach Palekastro. Hier muss man am Dorfplatz die rechte Straße an der Gabelung wählen und biegt nach ca. 100 m gleich wieder rechts ab. Dieser Straße folgt man aus dem Ort heraus ca. 25 km lang an Chocholakies (51) und Zakros vorbei bis man Kato Zakros auf der gut ausgebauten Straße erreicht.

Wer möchte, kann einen Abstecher nach Zakros unternehmen. Die Quelle etwas oberhalb des Ortes macht Zakros zu einer grünen Oase. Wenn man den Schildern zur Quelle folgt und das Auto oben am Ortsende abstellt, kann man in ca. 5 Min. zur Quelle laufen und wird dort meist eine idyllische Oase der Ruhe finden.

Aussichtstipp:
Alternativ zweigt ca. 2 km nach Zakros am Eingang zum Tal der Toten (Hinweisschild „Gorge“ beachten) eine staubige unbefestigte Piste mit dem Namen „Old Road“ nach Kato Zakros ab. Diese führt oberhalb der Schlucht entlang und bietet immer wieder traumhafte Ausblicke in die Schlucht und auf die Bucht von Kato Zakros.

Als Ausgangspunkt für Wanderungen ins Tal der Toten eignet sich der kleine Parkplatz ca. 2 km nach Zakros auf der linken Seite am besten. An dieser Stelle zweigt auch die zuvor beschriebene Old Road ab. Von hier kann man in ca. 1,5 Std. durch die Schlucht bis nach Kato Zakros wandern. Wer länger wandern möchte, kann auch in Zakros loslaufen und von dort in ca. 2,5 Std. durch die ganze Schlucht wandern. Im Frühjahr, wenn die Schlucht noch Wasser führt, ist die Wanderung besonders schön. Von Kato Zakros fahren Linienbusse und bringen die Wanderer zurück zum Ausgangspunkt. Den Namen bekam die Schlucht durch die Minoer, die früher ihre Toten in den Höhlen der Seitenwände der Schlucht bestatteten.

Geschichte:
Beim Ausgang der Schlucht haben Archäologen einen Palast aus minoischer Zeit ausgegraben. Hierbei handelt es sich um den kleinsten der vier minoischen Paläste auf Kreta. Er wurde wie die anderen Paläste aus dieser Zeit auch bei der rätselhaften Katastrophe um 1450 v. Chr. zerstört. Im Gegensatz zu den anderen Palästen wurde er nie wieder aufgebaut, geriet in Vergessenheit und wurde dadurch auch nicht geplündert.
Öffnungszeiten:
Mo-So: 8:00-17:00 Uhr (Okt-Apr: 8:00-15:00 Uhr)
Eintritt: ca. 3 €

Gut zu verbinden mit: 48, 49, 51, 52, 53, 54, 55, 56, 57

Schlucht von Chochlakies

51

Kurzbeschreibung:
Abwechslungsreiche Wander- und Klettertour über einen steinigen und felsigen Weg bis zum Katoumes Beach.

Anfahrt: (GPS: 35°08'47,08" N und 26°14'59,36" E)
Die Schlucht befindet sich an der Ostküste von Kreta. Man fährt von Palekastro aus in Richtung Zakros und erreicht nach ca. 8 km den kleinen Ort Chochlakies. Hier biegt man am Schild „Chochlakies Gorge“ links in den Ort ein. Im Ort muss man sich links halten und einer sehr schmalen Straße um einige Hausecken folgen, bis man nach einigen hundert Metern eine Kirche mit dem Parkplatz der Schlucht erreicht. Diese Strecke ist für Wohnmobile durch die Engstellen im Ort nicht befahrbar.

Die erste Etappe führt vom Parkplatz durch Olivenhaine rechts am Bach entlang, bis nach ca. 15 Min. die Schlucht erreicht wird. Hier muss der Bach das erste Mal überquert werden. Ein Trampelpfad schlängelt sich links am Bachbett entlang. Die Felswände werden höher und der Weg zunehmend steiniger und felsiger. Der Weg durch die Schlucht bleibt für ca. 1 Std. Gehzeit sehr steinig und felsig. Speziell im Frühjahr müssen zahlreiche Wassergumpen über Felsen umklettert werden. Um nicht alle Wasserstellen aufwendig umklettern zu müssen, sind Trekkingsandalen in dieser Jahreszeit vorteilhaft. Nach einem großen Linksrechtsbogen wird die Schlucht flacher und öffnet sich zum Meer hin. Das letzte Stück bis zum Meer führt durch kniehohes Buschwerk. Immer wieder gibt es von Wanderern oder Ziegen eingetretene Pfade Richtung Meer, denen man folgen kann. Ca. 15 Min. später endet der Hinweg in einer einsamen Bucht am Katoumes Beach. Der Rückweg erfolgt nach einer Pause am Strand auf gleicher Strecke.

Hinweise:
- Reine Gehzeit mit Hin- und Rückweg ca. 3 Std.
- Schwierigkeitsgrad: schwer, wenn die Schlucht Wasser führt
- Die Schlucht ist frei zugänglich
- Wegmarkierungen: Der Weg ist schlecht markiert
- Oft mehr Kletter- als Wandertour
- Wanderschuhe notwendig, Trekkingsandalen von Vorteil
- Parkplatzsuche für Wohnmobile schwierig
- Ortsdurchfahrt zum Parkplatz für Wohnmobile nicht möglich
- Keine Einkaufs- und Übernachtungsmöglichkeit im Ort

Strandtipp:
Am Ende der Schlucht gelangt man zum Katoumes Beach. Da dieser Sandkiesstrand nur per Boot oder durch die Schlucht zu Fuß erreicht werden kann, ist der Strand meist menschenleer. Einige Bäume am breiten Strand spenden Schatten. Am Strand ist es teilweise ziemlich windig. Beim Baden ist vorsicht geboten, da es teilweise Strömungen gibt.

Gut zu verbinden mit: 48, 49, 50, 52, 53, 54, 55, 56, 57, 58

Fischtaverne Chiona

52

Kurzbeschreibung:
Einfache Fischtaverne in besonders schöner Lage mit einer Terrasse auf einem Felsvorsprung im Meer.

Anfahrt: (GPS: 35°11'57,88" N und 26°16'38,74" E)
Von Sitia kommend fährt man nach Palekastro. Am Dorfplatz in Palekastro muss man sich rechts halten und an der nächsten Gabelung halblinks Richtung Angathia und Chiona abbiegen. Hier fährt man links um den Ort herum Richtung Chiona und biegt später links von der asphaltierten Straße in einen Schotterweg ein. Dieser führt bis ans Meer zum nördlichen Buchtende. Die Taverne „Chiona" (auch „Xiona" genannt) ist die nördlichste Taverne in der Bucht, die dem Berg Kastri am nächsten ist.

Die idyllische Lage der einfachen Fischtaverne mit der Terrasse auf einem Felsvorsprung im Meer zeichnet diese Taverne aus. Einige Tamarisken spenden Schatten.

Aussichtstipp:
Mit Wanderstiefeln lohnt ein Ausflug von der Taverne auf den Berg Kastri. Man muss zunächst durch ein Ziegengatter und läuft dann durch die Macchia den Berg hinauf. Da es hier keinen richtigen Pfad gibt, sind Kratzer an den Beinen kaum zu vermeiden. Dafür entschädigt vom Berg oben ein toller Rundumblick nach Chiona und auf den Strand Kouremenos (53) für die Strapazen.

Restauranttipp:
Alternativ kann man in der traditionellen und familiär geführten Taverne „Vaios" im Ort Angathia recht gut speisen. Angeboten werden täglich verschiedene Gerichte sowie auf dem Holzkohlegrill vor den Augen der Gäste zubereitete Spezialitäten.

Um zur Taverne „Vaios" zu gelangen, fährt man von Sitia kommend nach Palekastro. Am Dorfplatz in Palekastro muss man sich rechts halten und an der nächsten Gabelung halblinks Richtung Angathia und Chiona abbiegen. Nach ca. 500 m fährt man geradeaus in den kleinen Ort Angathia hinein. Die Taverne befindet sich ca. 300 m nach dem Ortseingang auf der rechten Seite. Da es durch die engen Gassen keine Parkplätze vor der Taverne gibt, stellt man das Auto am besten in einer der größeren Seitenstraßen ab.

Strandtipp:
Ein Besuch der Taverne lässt sich gut mit einem Badetag an den nahegelegenen und wenig besuchten Stränden von Chiona verbinden. Der größte Sandkiesstrand in der Bucht ist ca. 20 x 250 m groß. Weitere kleine Badebuchten folgen in südöstlicher Richtung an der Küste. Es gibt keinen Liegen- und Sonnenschirmverleih am Strand. Hinter dem Berg Kastri befindet sich der ebenfalls sehr schöne Kouremenos Beach (53).

Gut zu verbinden mit: 48, 50, 51, 53, 54, 55, 56, 57, 58, 59

Bucht von Kouremenos

53

Kurzbeschreibung:
Bucht mit Surfschule und einem schönen langen Sandstrand, der auch in der Hochsaison recht wenig besucht ist.

Anfahrt: (GPS: 35°12'30,72" N und 26°16'08,10" E)
Von Sitia kommend fährt man auf der Küstenstraße Richtung Osten bis nach Palekastro. An der Gabelung am Dorfplatz in Palekastro muss man sich links halten und auf dieser Straße durch den Ort fahren. Etwa einen Kilometer nach dem Ortsausgang zweigt eine Straße nach rechts zur Bucht ab.

Der mit Kieselsteinen durchsetzte Sandstrand ist ca. 25 m x 1500 m groß. Am Strand gibt es einige schattenspendende Tamarisken. Etwa in der Mitte des langen Sandstrands befinden sich ein paar Strandbars, die sich um das leibliche Wohl ihrer Gäste kümmern, sowie eine Surfschule, bei der man auch Surfbretter ausleihen kann. Die Surfschule ist von Mitte Mai bis Mitte Oktober täglich von 10:00-18:00 Uhr geöffnet. Weitere Informationen stehen unter www.freak-surf.com.

Im nahegelegenen Ort Palekastro gibt es einen Dorfplatz direkt neben der Kirche, an dem sich das Leben im Ort abspielt. Bars, Tavernen, Minimärkte sowie eine Metzgerei und eine Bäckerei findet man am Dorfplatz oder an den Straßen, die zum Dorfplatz führen. Im Ort und auf den umliegenden Hügeln werden zahlreiche Zimmer an Gäste vermietet.

Unterkunftstipp:
Von der „Villa Amalia“ hat man eine traumhafte Aussicht auf die Bucht von Kouremenos. Um zur Unterkunft zu gelangen, folgt man der Gabelung links am Dorfplatz in Palekastro und erreicht die „Villa Amalia“ nach ca. 3 km auf der linken Seite in Richtung Vai. Es werden 2 Zimmer und 5 Appartements vermietet.

Adresse:
Villa Amalia
A. and Y. Katsikalakis
Palekastro
72300 Sitia, Crete

Kontakt:
Villa Amalia
Tel.: +30 28430 61047
amaliaandyorgo@gmail.com
www.villa-amalia.com

Geschichte:
Ausgrabungen belegen, dass die Gegend um Palekastro bereits zu minoischer Zeit ein bedeutendes Handelszentrum auf Kreta war. In der Nähe der Strände von Chiona (52) haben englische Archäologen die sehr weitläufige minoische Handelssiedlung „Roussolakkos“ freigelegt, die auch besichtigt werden kann. Seit 2004 finden südöstlich dieser ehemaligen Siedlung erneut Ausgrabungen statt, da Archäologen aufgrund geomagnetischer Untersuchungen hier einen weiteren ca. 8.000 m² großen Gebäudekomplex vermuten. Vermutlich gehörte der etwas nördlich bei Itanos (56) und heute unter Wasser liegende Hafen ebenfalls zu dieser Siedlung aus minoischer Zeit.

Gut zu verbinden mit: 48, 50, 51, 52, 54, 55, 56, 57, 58, 59

Psili Ammos Beach

54

Kurzbeschreibung:
Der Strand ist eine tolle Alternative zum oft überfüllten Palmenstrand von Vai.

Anfahrt: (GPS: 35°15'05,23" N und 26°16'02,05" E)
Von Sitia kommend fährt man Richtung Palekastro und biegt auf halber Strecke links Richtung Kloster Toplou und Itanos ab. Am Kloster Toplou vorbei fährt man weiter, bis sich die Straße gabelt. Hier nach links Richtung Vai und Itanos abbiegen und der Beschilderung bis zum Palmenstrand von Vai folgen. Der Zugang zum Strand erfolgt über den Palmenstrand von Vai. An der Südseite des Palmenstrandes führen einige Treppenstufen am Restaurant vorbei zu einem Aussichtspunkt, von dem man aus einen herrlichen Blick auf den Palmenstrand genießen kann. Von hier oben muss man durch das Ziegengatter und kann auf einem schmalen Pfad in ca. 10 Min. über die Klippen zum Strand laufen.

Der Psili Ammos Beach bei Vai ist ein echter Geheimtipp auf Kreta. Besonders Reisende, denen am Palmenstrand von Vai zuviel Trubel ist, werden hier in der Regel Ruhe und Entspannung finden. Der Name Psili Ammos bedeutet "Feiner Sand" und den wird man hier zusammen mit kristallklarem Wasser zur Genüge finden. Der schöne Sandstrand bietet keine natürlichen Schattenplätze, ein Sonnenschirm und ausreichend Trinkwasser sind deshalb erforderlich.

Hinweise:
- Parkplatz ist kostenpflichtig (ca. 4 €)
- Kein Sonnenschirm- und Liegenverleih
- Keine öffentlichen sanitären Anlagen
- Der Strand ist nicht bewirtschaftet
- Feste Schuhe für den Weg zum Strand erforderlich

Wandertipp:
Vom Psili Ammos Beach kann man mit festem Schuhwerk auf einem schmalen Pfad die Küste weiter Richtung Süden wandern, bis man nach ca. 30 Min. den 200 m langen Maridati Beach erreicht. Während dieser Wanderung kommt man am Kokkinos Kavos Beach vorbei, der in einer kleinen Bucht kurz vor dem Maridati Beach liegt. Beim Maridati Beach handelt es sich um einen mit Kieselsteinen durchsetzten Sandstrand. Es gibt keinen Sonnenschirm- und Liegenverleih am Strand. Dafür aber in der Regel auch im Sommer wenig Strandbesucher.

Alternativ kann der Maridati Beach auch mit dem Auto erreicht werden. Hierzu fährt man von Palekastro Richtung Norden und zweigt ca. 3 km nach Palekastro rechts bei der Beschilderung „Maridati Beach" in einen holprigen Feldweg ab, der nach weiteren 1,5 km am Strand endet.

Gut zu verbinden mit: 51, 52, 53, 55, 56, 57, 58, 59

Palmenstrand von Vai

55

Kurzbeschreibung:
In der Nebensaison lohnenswert, in der Hauptsaison jedoch meist hoffnungslos überlaufener Palmenstrand.

Anfahrt: (GPS: 35°15'12,11" N und 26°15'52,17" E)
Von Sitia kommend fährt man Richtung Palekastro und biegt auf halber Strecke links Richtung Kloster Toplou und Itanos ab. Man fährt am Kloster Toplou vorbei, bis sich die Straße gabelt. Hier muss man nach links Richtung Vai und Itanos abbiegen und der Beschilderung bis zum Palmenstrand von Vai folgen.

Wenn man in der absoluten Vor- oder Nachsaison vom Parkplatz aus den Strand betritt, hat man das Gefühl, in der Karibik gelandet zu sein. Palmen, türkisblaues Wasser und Sandstrand. Wer den Palmenstrand allerdings zwischen Juni und September besucht, wird eher das Gefühl haben, in eine Sardinenbüchse geraten zu sein. Entspannung wird man zu dieser Zeit hier nur schwer finden.

Der Legende nach sollen arabische Piraten früher hier angelegt haben und im Sand ihre mitgebrachten Datteln verspeist haben. Die Kerne spuckten sie in den Sand wo sie Wurzeln schlugen und sich im Laufe der Jahre zu Palmen entwickelten. Botaniker verneinen diese Theorie, da es diese Palmen schon vor den Arabern auf Kreta gab.

Aussichtstipp:
An der Südseite des Palmenstrandes führen einige Treppenstufen am Restaurant vorbei zu einem Aussichtspunkt, von dem aus man einen herrlichen Blick auf den Palmenstrand genießen kann. Von hier oben kann man durch ein Ziegengatter auf einem schmalen Pfad in ca. 10 Min. über die Klippen zu einem weiteren Sandstrand (54) in die Nachbarbucht wandern. Dieser noch recht unbekannte Strand ist ein echter Geheimtipp für von Touristenmassen gestresste Urlauber.

Wandertipp:
An der Nordseite des Palmenstrands kann man in ca. 45 Min. über die Felsen zu den Stränden von Itanos wandern. Mit geeigneten Schuhen und Klettergeschick kann man von der Nordseite auch unten an der Küste Richtung Norden laufen und gelangt in eine schöne Nachbarbucht.

Hinweise:
- Parkplatz ist kostenpflichtig (ca. 4 €)
- Toiletten, Snackbar und Restaurant vorhanden
- Sonnenschirm- und Liegenverleih in den Sommermonaten
- Mehrere Wassersportmöglichkeiten werden angeboten
- Übernachten am Palmenstrand verboten

Gut zu verbinden mit: 51, 52, 53, 54, 56, 57, 58, 59

Strände und Ausgrabungen von Itanos

56

Kurzbeschreibung:
Schöne nebeneinander liegende Sandstrände in kleinen Buchten als Alternative zum meist überfüllten Palmenstrand von Vai.

Anfahrt: (GPS: 35°15'51,08" N und 26°15'43,03" E)
Von Sitia kommend fährt man Richtung Palekastro und biegt auf halber Strecke links Richtung Kloster Toplou und Itanos ab. Am Kloster Toplou fährt man vorbei, weiter bis sich die Straße gabelt. Hier muss man nach links Richtung Vai und Itanos abbiegen. Man folgt der Straße am Bananenstand an der Abzweigung nach Vai vorbei und erreicht nach weiteren ca. 2 km auf der rechten Seite die Strände und Ausgrabungen von Itanos.

Nördlicher Strand von Itanos:
Der Weg zum Strand führt vom Parkplatz in weniger als 5 Min. über einen kleinen Berg in eine schöne Sandbucht. Dies ist der schönste Strand zum Baden und Sonnen. Es gibt hier keine natürlichen Schattenplätze.

Mittlerer Strand von Itanos:
Der Strand liegt direkt am Parkplatz. Der Strand ist sehr klein und durch die Parkplatznähe weniger attraktiv.

Südlicher Strand von Itanos:
Schöner Strand mit Palmen, der in weniger als 5 Min. über die Ausgrabungen zu erreichen ist. Es gibt teilweise auch Schattenplätze unter den Palmen. Zum Schnorcheln und Tauchen ist dieser Strand gut geeignet. Der Weg ins Wasser ist jedoch recht steinig. Hier ist Vorsicht geboten.

Hinweise:
- Kein Sonnenschirm- und Liegenverleih
- Keine öffentlichen sanitären Anlagen
- Die Strände sind nicht bewirtschaftet

Wandertipp:
Vom südlichen Strand (beginnend an einem Ziegengatter) kann man in ca. 45 Min. mit festem Schuhwerk auf einen schmalen Pfad über die Felsen zum Palmenstrand von Vai wandern.

Ausgrabungen von Itanos:
Zwischen dem mittleren und südlichen Strand befinden sich die frei zugänglichen Ausgrabungen der antiken Stadt Itanos. Es wird vermutet, dass der Osten Kretas zu minoischer Zeit ein wichtiger Handelsplatz war. Der antike Hafen der Stadt Itanos wurde jedoch erst zu dorischer Zeit voll ausgebaut. Er liegt heute in mehreren Metern Tiefe versunken vor dem südlichen Strand und lockt immer wieder Taucher und Schnorchler an.

Gut zu verbinden mit: 52, 53, 54, 55, 57, 58, 59

Bananenstand bei Vai

57

Kurzbeschreibung:
Tolle Gelegenheit, um einmal Bananen aus Kreta frisch von der Staude aus den nahegelegenen Bananenplantagen zu essen.

Anfahrt: (GPS: 35°15'14,32" N und 26°15'11,53" E)
Von Sitia kommend fährt man Richtung Palekastro und biegt auf halber Strecke links Richtung Kloster Toplou und Itanos ab. Am Kloster Toplou vorbei fährt man weiter, bis sich die Straße gabelt. Hier nach links Richtung Vai und Itanos abbiegen. Auf Höhe der Abzweigung nach Vai befindet sich der Bananenstand auf der linken Seite.

Wussten Sie, dass auf Kreta Bananen wachsen? Haben Sie schon einmal Bananen direkt von der Staude gegessen?
Hier haben Sie die Möglichkeit! Die hier angebotenen Bananen wachsen in den umliegenden Gewächshäusern. Es ist eine Sorte, die von der Größe her kleiner ist und ziemlich süß schmeckt.

Tipp:
Die Bananenplantagen können auch besichtigt werden.

Weitere Bananenanbaugebiete gibt es auf Kreta in der Gegend bei Malia, einer der Hochburgen des Pauschaltourismus. Auch hier können Bananen an einigen Straßenständen erworben werden.

Hintergrundinformation:
Bananen wachsen an 5-9 m hohen Stauden. Aus den Fruchtknoten entwickeln sich die fünfkantigen Früchte, die wegen ihrer Form auch Finger genannt werden. Alle Bananen hängen an der Staude an einem Büschel zusammen. Der Büschel kann 30-40 kg schwer werden und umfasst wiederum 5-20 Hände mit je 10-15 Fingern. Eine geteilte Hand mit 5-7 Fingern wird Cluster genannt. Ein Finger entspricht dabei einer Banane. Die Bananenstaude trägt nur einmal in ihrem kurzen Leben Früchte und stirbt danach ab. Die Bananen werden krumm, da der Büschel beim Wachsen immer schwerer wird und sich durch sein Gewicht Richtung Boden neigt. Die Bananen wachsen dabei aber wieder nach oben der Sonne entgegen und werden dabei krumm.

Die EU-Verordnung, in der die Qualitätsnormen für Bananen beschrieben sind, schreibt übrigens vor, dass Bananen der Klasse II eine Mindestgröße von 14 cm Länge aufweisen müssen. Die Bananen aus Kreta bilden eine Ausnahme und dürfen auch als Klasse II verkauft werden, wenn sie kleiner sind.

Hinweise:
- Der Bananenstand ist auch in der Vor- und Nachsaison geöffnet.

Gut zu verbinden mit: 52, 53, 54, 55, 56, 58, 59

Kloster Toplou

58

Kurzbeschreibung:
Einsam im Osten gelegenes Kloster mit Ikonensammlung und schönem von Bögen und Nischen geschmückten Innenhof.

Anfahrt: (GPS: 35°13'15,53" N und 26°12'56,10" E)
Von Sitia kommend erreicht man das Kloster nach ca. 20 km. Man folgt der Küstenstraße von Sitia weiter Richtung Osten bis man das neu erbaute Feriendorf „Dionysos Village" auf der linken Seite erreicht. Hier folgt man der Straße, die nach links den Berg hinauf zum Kloster Toplou und weiter zu den Stränden von Itanos (56) und Vai (55) führt.

Das Kloster befindet sich fernab von jeglicher Zivilisation mitten im Osten Kretas. Wann es genau gebaut wurde, ist bis heute nicht bekannt. Es wird vermutet, dass es im 14. Jh. n. Chr. während der venezianischen Zeit gebaut wurde. Zum Schutz und aus Verteidigungsgründen wurde das einsam gelegene Kloster festungsartig angelegt und wirkt fast ein wenig wie eine mittelalterliche Burg. Trotz der hohen Mauern wurde das Kloster immer wieder von Piraten, den Türken und im Zweiten Weltkrieg von den deutschen Truppen überfallen, zerstört oder geplündert. Die geschäftstüchtigen Mönche haben es aber immer wieder aufgebaut und konnten im Laufe der Jahre große Ländereien, unter anderem auch den Palmenstrand von Vai, erwerben. Die Olivenölproduktion ist ein weiteres Standbein des Klosters, um finanziell abgesichert zu sein.

Vor den Klostermauern befindet sich eine alte und heute restaurierte Windmühle sowie einige Obst- und Gemüsegärten, die früher zur Selbstversorgung des Klosters dienten.

Bei der Besichtigung betritt man das Kloster zunächst durch das große Haupttor und gelangt dann in den Vorhof mit den Mönchszellen. Von hier kommt man durch eine weitere schwere Türe direkt unter dem Glockenturm in das Innere des Klosters. Zur Verteidigung vor Eindringlingen ist oberhalb dieser Türe eine Pechnase am Glockenturm angebracht, über die heiße Flüssigkeiten wie Wasser, Öl oder Pech auf die Angreifer geschüttet werden konnten.

Der Innenhof des Klosters beeindruckt durch seinen Kieselsteinboden sowie die vielen Bögen und Nischen. Vom Innenhof gelangt man in die Klosterkirche, in der alte und wertvolle Ikonen zu sehen sind. Im Kloster ist noch ein kleines Museum untergebracht, in dem neben weiteren Ikonen noch alte Schriftstücke und Waffen, die zur Verteidigung des Klosters dienten, ausgestellt sind.

Öffnungszeiten:
Mo-So: 9:00-13:00 Uhr sowie von 14:00-18:00 Uhr
Eintritt: ca. 3 €

Gut zu verbinden mit: 51, 52, 53, 54, 55, 56, 57, 59

ΣΗΤΕΙΑ
ISUZU
MARINE ENGINE

Küstenort Sitia

59

Kurzbeschreibung:
Kretische Kleinstadt im Osten der Insel, die sich ihre Ursprünglichkeit noch bewahren konnte.

Anfahrt: (GPS: 35°12'21,12" N und 26°06'21,61" E)
Von Agios Nikolaos erreicht man Sitia nach ca. 70 km über eine Küstenstraße (61), von der aus man immer wieder traumhafte Ausblicke auf die Küste genießen kann. Für die kurvenreiche Strecke sollte man ca. 1,5 Std. Fahrzeit einplanen.

In Sitia leben heute knapp 9.000 Einwohner. Im Zentrum der Stadt befindet sich ein großer und nachts beleuchteter Brunnen mitten in einem Kreisverkehr. Von hier zweigen die wichtigsten Straßen in die unterschiedlichen Richtungen ab. Vom Kreisverkehr in Richtung Hafen, befindet sich ein großer Parkplatz auf der rechten Seite. Dieser eignet sich sehr gut als Ausgangspunkt um die Stadt zu Fuß zu entdecken. Eine große und mit Palmen bepflanzte Uferpromenade lädt zum Verweilen ein. Es gibt zahlreiche Cafés, Bars und Tavernen an der Promenade, die großteils von Einheimischen genutzt werden. Am Hafenbecken versuchen Männer ihr Glück beim Angeln. Trotz der großen Uferpromenade und dem Hafen mit den bunten Fischerbooten spielt der Tourismus in Sitia noch eine untergeordnete Rolle. Sitia konnte sich seine Ursprünglichkeit bisher bewahren. Hinter der Uferpromenade gibt es zahlreiche kleine Straßen und Gassen mit verschiedenen Einkaufsläden, Obst- und Gemüseständen, Konditoreien sowie Unterkünften und Tavernen. Jeden Dienstag findet zudem vormittags ein Wochenmarkt am Ortsausgang in Richtung Makrigialos/Ierapetra statt.

Strandempfehlung:
Es gibt einen kilometerlangen Sandstrand an der Küstenstraße, die Richtung Osten führt. Noch schönere und einsamere Strände findet man weiter im Osten bei Itanos (56), bei Palekastro (53) und neben dem Palmenstrand von Vai (54).

Geschichte:
Funde belegen, dass das Gebiet des heutigen Sitia bereits 2000 v. Chr. besiedelt war. Auch in der byzantinischen Epoche war die Stadt besiedelt. Eine in dieser Zeit gebaute Stadtmauer bot Schutz vor Angreifern. Später bauten die Venezianer die Stadtmauer zum Schutz weiter aus. Im Jahre 1508 wurden jedoch Teile der Stadt durch ein Erdbeben zerstört.

Auch in der folgenden Zeit kam die Stadt nicht zur Ruhe und wurde mehrfach von Piraten überfallen. Die Bewohner gaben daraufhin die Stadt Mitte des 17. Jh. auf und siedelten um. Über 200 Jahre blieb Sitia unbewohnte Geisterstadt. Erst seit 1870 wurde die Stadt wieder neu besiedelt.

Gut zu verbinden mit: 48, 49, 52, 53, 54, 55, 56, 57, 58, 60, 61

Küstenort Mochlos

60

Kurzbeschreibung:
Bei Individualreisenden und Ruhesuchenden beliebtes kleines Fischerdorf mit malerischen Straßen und idyllischer kleiner Promenade.

Anfahrt: (GPS: 35°11'01,61" N und 25°54'19,59" E)
Von Agios Nikolaos kommend fährt man die Küstenstraße Richtung Osten. Nach ca. 30 km bietet sich ein atemberaubender Blick von der Küstenstraße auf die Bucht von Mirabello (61). Nach einem weiteren Kilometer zweigt hier eine Straße nach links zur Küste in den Ort Mochlos ab.

Es geht meist ruhig zu in dem kleinen beschaulichen Dorf an der Nordküste. Einige Häuser sind weiß gestrichen und verleihen dem Ort mit ihren blauen Fensterläden und Türen ein besonderes Flair. Mehrere Tavernen, Cafés sowie ein kleiner Minimarkt kümmern sich um das Wohl der Einheimischen und Gäste. Bekannt ist Mochlos auch für den frischen Fisch, der in mehreren Tavernen angeboten wird. In westlicher Richtung liegt der Hafen etwas außerhalb vom Ort. In östlicher Richtung erstreckt sich eine weite Bucht, die mit ihrer schroff ins Meer abfallenden Küste ein wenig an die Küstenlandschaft Englands erinnert. Einzelne Häuser stehen weit verstreut in der dünnbesiedelten Bucht. Auf einem naheliegenden Berg steht ein kleine Kapelle. Badefans kommen in Mochlos durch die steinige und felsige Küste weniger auf Ihre Kosten. Zum Schnorcheln gibt es hier dafür gute Möglichkeiten. Durch die teilweise scharfkantigen Felsen ist Vorsicht geboten, um sich nicht zu verletzen.

Geschichte:
Nur ca. 150 m vom Festland getrennt befindet sich die kleine gleichnamige Insel Mochlos mit einer Kapelle. Zur minoischen Zeit war die Insel noch mit dem Festland verbunden, wie unter Wasser liegende Verbindungswege beweisen. Weitere Funde lassen vermuten, dass Mochlos früher ein bedeutender Hafen Ostkretas gewesen sein muss. Auf der Insel wurden Grabkammern mit Goldschmuck und Keramiken entdeckt, die im Archäologischen Museum in Agios Nikolaos und Iraklion ausgestellt sind. Von Archäologen wird vermutet, dass die Fundstücke aus der Zeit von 2300 v. Chr. stammen.

Ausflugstipp:
Etwas östlich von Mochlos thront eine Kapelle hoch oben auf einem Hügel. Von diesem romantischen Plätzchen lassen sich nach dem Aufstieg zur Kapelle tolle Sonnenaufgänge und Sonnenuntergänge beobachten.

Restauranttipp:
Im „Café Dimitris" in Mochlos gibt es sehr lecker zubereitete griechische Spezialitäten. Tel.: +30 69453 67035

Gut zu verbinden mit: 59, 61

Panoramastraße am Golf von Mirabello

61

Kurzbeschreibung:
Küstenstraße mit wunderschönen Ausblicken und schönen Bademöglichkeiten am Golf von Mirabello.

Anfahrt: (GPS: 35°06'47,53" N und 25°47'17,38" E)
Den schönsten Blick hat man, wenn man die Küstenstraße von Sitia kommend in Richtung Agios Nikolaos fährt. Ausgangsort für diese Panoramafahrt ist das kleine Bergdorf Mirsini einige Kilometer südöstlich von Mochlos direkt an der Küstenstraße.

Von Mirsini aus hat man einen großartigen Ausblick über Mochlos und dem dahinterliegenden Golf von Mirabello. Die Straße windet sich von hier wieder etwas ins Landesinnere, um dann bei Platanos den nächsten atemberaubenden Ausblick auf den Golf von Mirabello freizugeben. Wer möchte, kann die Stichstraße zum Strand von Tholos abbiegen, um einen Badestopp einzulegen. Viele schöne und kleine Sandbuchten mit türkisblauem Wasser gibt es auch etwas weiter beim Ort Pachia Ammos. Die Küstenstraße endet in Agios Nikolaos (62).

Ausflugstipp:
Etwa 1 km nach den Ausgrabungen von Gournia zweigt links eine Straße in die Berge ab und endet nach ca. 8 km beim Kloster Moni Faneromenis. Zu sehen gibt es neben einer grandiosen Aussicht eine Höhlenkirche und alte Fresken an den Wänden und Decken. Das Kloster ist vormittags geöffnet.

Ausflugstipp:
Wer möchte, kann bei Istro einen Abstecher nach Kalamafka in die Berge unternehmen. Hierzu fährt man nach Istro links Richtung Kalo Chorio und Prina und folgt der Straße Richtung Südküste bis nach Kalamafka. Hier gibt es einen Aussichtspunkt, von dem aus man kleine Teile des Kretischen Meeres im Norden und des Lybischen Meeres im Süden sehen kann.

Geschichte:
Etwa 2 km nach dem Ort Pachia Ammos befinden sich auf der linken Straßenseite die Ausgrabungen von Gournia. Hierbei handelt es sich um das größte minoische Dorf, das Archäologen auf Kreta freigelegt haben. Aufgrund der Fundstücke wird vermutet, dass es sich um ein Handwerkerdorf handelte.
Öffnungszeiten: Di-So: 8:30-15:00 Uhr, Eintritt: ca. 2,50 €

Unterkunftstipp:
Luxushotel für besondere Anlässe und gehobene Ansprüche, etwa 5 km von Istro in Richtung Agios Nikolaos am Meer gelegen.

Adresse:
Daios Cove
Luxury Resort & Villas
72100 Vathi, Kreta
Griechenland

Kontakt:
Tel: +30 28410 62600
Fax: +30 28410 62622
info@daioscove.com
www.daioscovecrete.com

Gut zu verbinden mit: 47, 60, 62, 63, 64, 65, 66

Küstenort Agios Nikolaos

62

Kurzbeschreibung:
Agios Nikolaos ist die schönste Stadt im Osten Kretas mit tollen Gassen und einem idyllischen Fischerhafen.

Anfahrt: (GPS: 35°11'26,21" N und 25°42'58,28" E)
Agios Nikolaos ist von Iraklion über die gut ausgebaute Autobahn entlang der Nordküste in ca. 1 Std. zu erreichen.

Besonderes Highlight in Agios Nikolaos ist der Voulismeni-See. Seit 1871 ist er mit dem Hafen durch einen von den Türken gebauten Kanal verbunden. Mehrere Gassen um den See laden zum Shoppen und Verweilen ein. Heute wird der malerisch gelegene See von den Fischern als Anlegestelle für ihre kleinen Boote genutzt. Zahlreiche Cafés und Tavernen säumen den See an zwei Seiten. Hohe Felswände vervollständigen den Rahmen an den gegenüberliegenden Seiten.

Bis heute ist die genaue Tiefe des Sees nicht eindeutig bekannt. Manche halten ihn gar für grundlos. Angeblich haben deutsche Soldaten vor der Kapitulation im Zweiten Weltkrieg Panzer und anderes Kriegsgerät im See versenkt. Gefunden wurde von dem Kriegsgerät im See jedoch nichts, was die These vom grundlosen See bekräftigt. Beim Vulkanausbruch 1956 auf der etwa 110 km entfernten Insel Santorin wurde angeblich die Wasseroberfläche im See aufgewühlt und tote Hochseefische wurden an die Oberfläche gespült. Deshalb wird vermutet, dass der See einen unterirdischen Zugang zum Meer besitzt. Andere hingegen behaupten, dass der See ca. 64 m tief ist.

Aussichtstipp:
Direkt am Voulismeni-See kann man über zahlreiche Treppenstufen in und an der Felswand zu einem Aussichtspunkt über dem See mit herrlichem Blick auf Agios Nikolaos laufen.

Wochenmarkt:
Ein weiteres Highlight ist der jeden Mittwoch bis ca. 13:00 Uhr stattfindende Straßenmarkt in Agios Nikolaos. Er beginnt am Krankenhaus und zieht sich durch die Ethniki Antistaseos Straße hinab bis oberhalb des kleinen Voulismeni-Sees. Angeboten werden neben Obst und Gemüse hauptsächlich Waren für das tägliche Leben der einheimischen Bevölkerung.

Museumstipp:
Das Archäologische Museum erreicht man auf der oberhalb vom Voulismeni-See gelegenen Konstantinou Paleologou Straße nach wenigen hundert Metern auf der rechten Seite vom See aus. Zu sehen gibt es viele Funde aus Ostkreta, die von den Archäologen den verschiedenen Epochen zugeordnet worden sind. Eintritt: ca. 3 €
Öffnungszeiten: Tägl. außer Mo. und Feiertag: 8:30-15:00 Uhr

Gut zu verbinden mit: 60, 61, 63, 64, 65, 66

Küstenort Elounda (63)

Kurzbeschreibung:
Elounda ist der Ort auf Kreta mit den schönsten, exklusivsten und teuersten Hotels, die Kreta zu bieten hat.

Anfahrt: (GPS: 35°15'44,56" N und 25°43'17,68" E)
Schon die Anfahrt von Agios Nikolaos nach Elounda ist durch den herrlichen Blick auf die Bucht von Elounda ein Erlebnis.

Durch die tolle Lage in der Bucht haben sich hier zahlreiche Hotels der Luxusklasse angesiedelt und machen Elounda zum Nobelort auf Kreta. In dem kleinen Küstenort mit dem schönen Fischerhafen gibt es auch eine Promenade mit guten Tavernen in toller Lage direkt am Meer.

Unterkunftstipps:
- Elounda Gulf Villas
  www.eloundavillas.com Tel.: +30 28102 27132
- Hotel Blue Palace Resort & Spa
  www.bluepalace.gr Tel.: +30 28410 65500
- Hotel Elounda Mare
  www.eloundamare.com Tel.: +30 28410 68012

Geschichte:
Für die Venezianer war der geschützt in der Bucht von Elounda gelegene Hafen von großer Bedeutung. Deshalb bauten sie auf der kleinen vorgelagerten Insel Kalidon (in der Umgangssprache
der kleinen vorgelagerten Insel Kalidon (in der Umgangsspra
che meist Spinalonga genannt) im 15 Jh. eine Festung, von der aus sie die Zufahrt in die Bucht mit dem Hafen kontrollierten. Vom Damm aus, der von Elounda zur Halbinsel Spinalonga führt, kann man unter der Wasseroberfläche die Überreste des versunkenen antiken Hafens Olous erkennen. Wer eine Bootstour von Elounda zur „Leprainsel" unternimmt, kann vom Boot aus meist noch mehr dieser antiken unter Wasser liegenden Gemäuer erkennen. Es wird vermutet, dass es im 4. Jh. n. Chr. eine Verschiebung der Erdplatten gab. In deren Folge hob sich der westliche Teil Kretas teilweise aus dem Meer (9), während Teile im Osten, wie Olous, im Meer versanken. Wahrscheinlich gehörte der Hafen von Olous in der Dorischen Zeit um 1100 v. Chr. zur in den Bergen versteckt gelegenen Stadt Driros bei Neapolis. Man kann mit dem Auto bis in die Nähe der Ausgrabungen von Driros fahren und muss den Rest zu Fuß zurücklegen. Stille und eine tolle Aussicht sind der Lohn für den ca. 500 m langen Aufstieg.

Restauranttipp:
Die Taverne „Olondi" zeichnet sich durch eine hervorragende griechische Küche, netten Service und vor allem die tolle Lage direkt am Meer aus. Die Taverne ist ca. 300 m südöstlich vom Hafen gelegen. Sehr empfehlenswert! Tel.: +30 28410 41040

Gut zu verbinden mit: 61, 62, 64, 65, 66

Küstenort Plaka

64

Kurzbeschreibung:
Kleiner Küstenort mit netten Fischtavernen, von denen aus man die Leprainsel Spinalonga sehen kann.

Anfahrt: (GPS: 35°17'55,59" N und 25°43'40,55" E)
Schon die Anfahrt von Agios Nikolaos über Elounda bis nach Plaka ist ein Erlebnis für sich. Immer wieder kann man hier einen tollen Ausblick auf die Bucht von Elounda genießen.

Geschichte:
Bis 1957 wurden auf Spinalonga (65) noch die Leprakranken aus Kreta isoliert. Plaka war die einzige Verbindung der Insel Spinalonga zur Außenwelt. Nach Plaka wurden die Leprakranken oft von ihren Familien gebracht und mussten dann Abschied nehmen, um in Isolation teilweise den Rest ihres Lebens auf der Insel zu verbringen. Von Plaka aus wurde die Insel mit dem Nötigsten versorgt. Es wurden Lebensmittel zum Teil zu stark überhöhten Preisen zur Insel gebracht. Die auf der Insel arbeitenden Krankenschwestern wurden nach Plaka übergesetzt. Als 1953 erstmalig ein wirksames Medikament gegen Lepra entwickelt wurde, verbesserte sich die Situation der Leprakranken. 1957 verließen die letzten Leprakranken die Insel und Plaka verlor die Bedeutung als Verbindungsglied zur Leprainsel Spinalonga. In den darauffolgenden Jahren wurde es ruhiger in Plaka, bis der Ort für den Tourismus vor einigen Jahren entdeckt und ausgebaut wurde. Trotzdem ist das kleine Fischerdorf noch überschaubar geblieben und lohnt einen Besuch. Plaka ist der schnellste, kürzeste und preiswerteste Ausgangspunkt für Ausflüge zur Leprainsel Spinalonga (65). Boote fahren meist alle 30 Min. im Pendelverkehr zur Insel hinüber.

Von Plaka aus sollte man unbedingt den Berg in Richtung Vrouchas hinauffahren (66) oder wandern. Von diesem Berg hat man den schönsten Ausblick auf die Bucht mit der Insel Spinalonga und auf Plaka. Ein Besuch im benachbarten Elounda (63) mit seinem schönen Fischerhafen sollte von Plaka aus ebenfalls nicht fehlen. Alles lässt sich wunderbar in einem Tagesausflug erleben, den man in einer schönen Taverne in Elounda oder Plaka ausklingen lassen kann.

Restauranttipp:
Wer Fisch essen möchte, ist in Plaka gut aufgehoben. Es gibt zahlreiche schöne Fischtavernen entlang der kleinen Promenade. z.B. Fischtaverne „Paliria“ Tel: +30 28410 42120

Unterkunftstipp:
Guten Service und schönes Ambiente findet man im ca. 27 km westlich gelegenen „Castello Boutique Resort & Spa“ im Ort Sissi. www.castellohotels.com Tel: +30 2841 0 71102

Gut zu verbinden mit: 61, 62, 63, 65, 66

Insel Spinalonga - die „Leprainsel“

65

Kurzbeschreibung:
Die Insel wurde bis ins Jahr 1957 zur Isolation von Leprakranken aus Kreta genutzt.

Anfahrt: (GPS: 35°17'44,85" N und 25°44'17,39" E)
Die kleine Insel liegt nördlich von der Halbinsel Spinalonga und heißt eigentlich Kalidon. Im Sprachgebrauch wird jedoch meist von der Insel Spinalonga gesprochen. Die Insel ist per Boot ab Agios Nikolaos, Elounda und Plaka aus zu erreichen.

Ab Agios Nikolaos: Längste Bootsfahrt, die Ausflugsboote sind meist recht groß. Kosten ca. 10 € ohne und ca. 15-18 € für Touren mit Führung. Dauer der Tour ca. 3,5-4 Std.

Ab Elounda: Mittlere Fahrtstrecke, Kosten ca. 9 € ohne Führung. Dauer der Tour ca. 1,5-2 Std.

Ab Plaka: Kürzeste Fahrtstrecke, kleine Boote fahren im Pendelverkehr zur Insel. Dadurch meist kurze Wartezeit auf ein Boot. Kosten ca. 8 € ohne Führung. Dauer der Tour ca. 1,5 Std.

Zu den Kosten der Überfahrt kommt noch der Eintritt von ca. 2 € auf der Insel hinzu. Personen bis 18 J. frei.
Öffnungszeiten tägl. 9:00-18:00 Uhr.
Tipp: Da die Insel von vielen Ausflugsbooten angefahren wird, ist ein Besuch möglichst früh morgens empfehlenswert.

Geschichte:
Auf der Insel bauten die Venezianer im 15 Jh. eine Festung zum Schutz des Hafens und der Bucht von Elounda. Überreste sind heute noch zu sehen. Am 4. Okt. 1715 fiel die Insel nach dreimonatiger Belagerung den Türken in die Hände. Daraufhin wurde die Insel überwiegend von türkischen Familien bewohnt. Im Jahre 1903 mußten alle Einwohner die Insel verlassen, da die Regierung beschlossen hatte, hier alle Leprakranken aus Kreta zu isolieren. Sie lebten anfangs unter erbärmlichen Umständen auf der Insel ohne fließend Wasser und Strom. Die Bewohner bekamen vom Staat eine geringe finanzielle Unterstützung. Von diesem Geld kauften sie Lebensmittel, die aus Plaka (64) mit dem Boot angeliefert und oft zu stark überhöhten Preisen angeboten wurden. Die Situation verbesserte sich für die Leprakranken erst, als sie begannen, sich selbst zu organisieren. Sie begannen Obst und Gemüse auf der Insel anzubauen und renovierten die Häuser. Von 1904 bis 1957 lebten Hunderte von Leprakranken auf der Insel. Die medizinische Versorgung auf der Insel war einfach und beschränkte sich auf das Nötigste. Im Laufe der Zeit wurde die Versorgung besser. Ein Arzt und Krankenschwestern kümmerten sich um die Kranken. 1953 wurde ein wirksames Medikament gegen Lepra entwickelt. Die Kranken wurden nicht mehr isoliert und konnten 1957 die Insel verlassen.

Gut zu verbinden mit: 61, 62, 63, 64, 66

Panoramastraße von Agios Nikolaos nach Vrouchas (66)

Kurzbeschreibung:
Schöne Panoramastraße mit herrlichen Blicken auf das Meer, vielen Ausflugsmöglichkeiten und netten Tavernen.

Anfahrt: (GPS: 35°18'37,45" N und 25°44'02,42" E)
Die Strecke beginnt in Agios Nikolaos und führt in nördlicher Richtung der Küste entlang. Bereits in Agios Nikolaos muss man sich nah an der Küste halten und Richtung Norden sowie Elounda orientieren, um nicht auf der Straße Richtung Iraklion zu landen.

Nach ca. 10 km hinter Agios Nikolaos erreicht man auf einer Bergkuppe eine Stelle, von der aus man einen fantastischen Blick auf die Bucht von Elounda (63) mit den verschiedenen Luxushotels hat. In Elounda sollte man auf jeden Fall den Fischerhafen anschauen und entlang der Promenade schlendern. Die Straße führt von Elounda weiter an Mavrikiano vorbei nach Plaka (64). Von Plaka kann man sich mit einem der kleinen Boote zur Leprainsel Spinalonga (65) übersetzen lassen oder in einer der Fischtavernen speisen.
Die schönste Aussicht auf der gesamten Strecke bekommt man auf dem letzten Teilstück von Plaka nach Vrouchas. Hier lohnt es sich, das Auto auf dem Berg stehen zu lassen und eine Wanderung an die Nordostspitze in Richtung Windpark zu unternehmen. Von hier hat man eine der schönsten Aussichten, die Kreta zu bieten hat.

Weitere Ausflugsmöglichkeiten:
Etwas südwestlich von Agios Nikolaos gelegen kann man in die Berge Richtung Kritsa fahren. Ca. 1 km vor dem Ortseingang Kritsa befindet sich etwas versteckt hinter einem Olivenhain die Kirche Panagia Kera auf der rechten Seite gegenüber dem Restaurant „Paradise“. Die von außen unspektakulär wirkende dreischiffige Kirche überrascht mit alten und gut erhaltenen byzantinischen Fresken in den Innenräumen. Bereits im 13. Jh. wurde das Mittelschiff der Kirche gebaut. Die beiden äußeren Schiffe kamen später dazu. Fotografieren ist in der Kirche verboten. Öffnungszeiten: 8:00-15:00 Uhr, Eintritt: ca. 3 €.

Von hier kann man weiter Richtung Kritsa fahren und biegt im Ort rechts Richtung Lato ab. Hier befinden sich die Ausgrabungen einer Stadt der Dorer, die vermutlich im 7. Jh. v. Chr. erbaut wurde. Öffnungszeiten: Di-So: 8:30-15:00 Uhr, Eintritt ca. 2 €

Ausflugstipp:
In Kritsa gibt es sehr viele Touristen und Souvenierläden. Den Charme eines kretischen Bergdorfes wird man hier in der Hochsaison nicht finden. Wesentlich ursprünglicher geht es im ca. 5 km südlich und noch höher gelegenen Bergdorf Kroustas zu. Man hat das Gefühl, eine Zeitreise zu machen, und findet hier den Charme eines einfachen kretischen Bergdorfes.

Gut zu verbinden mit: 61, 62, 63, 64, 65

Die schönsten Autotouren: Osten 1

Kurzbeschreibung: (ca. 40 km, Fahrzeit ca. 50 Min.)
Schöne Ausblicke, tolle Küstenorte und der Besuch der Leprainsel Spinalonga sind die Höhepunkte dieser Tour.

Ausgangspunkt dieser Tour ist der Küstenort Agios Nikolaos (62) mit seinem romantischen Fischerhafen. Von hier geht es in nördlicher Richtung auf der Küstenstraße nach Elounda (63). Schon bei der Anfahrt nach Elounda hat man eine fantastische Aussicht auf die Bucht mit den besten und teuersten Hotels auf Kreta. Von Elounda geht die Fahrt weiter in nördlicher Richtung zum Küstenort Plaka (64). In dem Ort, von dem aus früher die Leprakranken auf der vorgelagerten Insel versorgt wurden, kann man heute gut Fisch in einer der schönen Tavernen an der kleinen Promenade essen. Von Plaka aus sollte man unbedingt einen Ausflug mit dem Boot auf die Leprainsel „Spinalonga" (65) unternehmen. Von 1904 bis ins Jahr 1957 lebten Hunderte von Leprakranken auf der Insel, die sich aus der Not heraus großteils selbst versorgen mussten. Nach der Rückfahrt mit dem Boot von Spinalonga führt die Panoramastraße weiter in nördlicher Richtung nach Vrouchas. Von hier hat man einen der schönsten Ausblicke (66), die Kreta zu bieten hat. Die Rückfahrt nach Agios Nikolaos erfolgt auf gleicher Straße. Auf der Rückfahrt sollte man in Elounda einen Stopp einlegen, um einen Spaziergang am Fischerhafen und auf der angrenzenden Uferpromenade zu machen. Besonders schön sitzen und gut essen kann man in der Taverne „Olondi" (63) an der Uferpromenade.

Die schönsten Autotouren: Osten 2

Kurzbeschreibung: (ca. 160 km, Fahrzeit ca. 240 Min.)
Sehr abwechslungsreiche Tour zu einsamen Bergdörfern, Kirchen und kleinen Küstenorten mit einer schönen Wanderung.

Diese Tour beginnt in Agios Nikolaos (62) und führt von dort Richtung Kritsa. Etwa 1 km vor Kritsa liegt etwas versteckt auf der rechten Seite gegenüber dem Restaurant „Paradise“ gelegen die Kirche Panagia Kera (66) mit schönen alten Wandmalereien. Nach diesem ersten Stopp geht es vor Kritsa rechts ab zu den Ausgrabungen von Lato (66). Über das touristische Bergdorf Kritsa führt die Strecke weiter in das oberhalb liegende ursprüngliche Bergdorf Kroustas (66), das kaum von Touristen besucht wird. Die Straße verläuft in südlicher Richtung durch die Berge nach Prina und Kalamafka. Etwas außerhalb von Kalamafka (61) gibt es einen beschilderten Aussichtspunkt, von dem man ein Stück des Meeres im Norden und Süden Kretas erblicken kann. Über Kamara fährt man weiter zur Südküste und biegt dort nach rechts Richtung Mirtos ab. Etwa 2 km vor Mirtos befindet sich eine Kirche (45) in schöner Lage direkt am Meer. Von hier geht es weiter nach Mirtos (44), wo sich eine Rast an der kleinen Strandpromenade lohnt. Über die kleine Küstenstraße (43) geht es weiter nach Tertsa (43) mit Bademöglichkeit. Das letzte Stück führt in das fast verlassene Bergdorf Kalami (43) und über Ierapetra wieder zurück nach Agios Nikolaos. Wer genug Zeit hat, sollte einen Abstecher in die Sarakino-Schlucht (46) unternehmen.

Die schönsten Autotouren: Osten 3

Kurzbeschreibung: (ca. 140 km, Fahrzeit ca. 150 Min.)
Tolle Panoramablicke lassen sich bei dieser Tour mit schönen Stränden und einem Besuch in Agios Nikolaos gut verbinden.

Beginn dieser Tour ist der Ort Sitia (59) im Nordosten Kretas. Von hier führt der erste Teil der Strecke in westlicher Richtung der Küstenstraße entlang bis nach Mirsini, von wo man einen grandiosen Ausblick auf die Küste genießen kann. Hier beginnt auch die bei (61) beschriebene Panoramastraße. Kurz nach Mirsini lohnt ein Abstecher ans Meer in den Küstenort Mochlos (60) mit seiner kleinen Uferpromenade. An der Kapelle auf dem nahegelegenen Berg geht es zurück auf die Küstenstraße. Bereits kurze Zeit später bietet sich wieder ein faszinierender Ausblick auf die Küste. Wer baden möchte, kann die nächste Abfahrt nach Tholos wählen, um zum Meer und dem Strand zu gelangen. Nach einem Badestopp geht die Fahrt weiter Richtung Agios Nikolaos. Der Streckenabschnitt ab Pachia Ammos am Golf von Mirabello zählt zu den schönsten Küstenabschnitten auf ganz Kreta. Hier bieten sich immer wieder Bademöglichkeiten an den verschiedenen Sandstränden in den einzelnen Buchten. Nach einer kleinen Pause an einem der schönen Strände geht es weiter zum schönsten Ort im Osten Kretas, nach Agios Nikolaos (62). Hier kann man stundenlang in den kleinen Gassen verweilen oder es sich einfach in einer der schön gelegenen Tavernen am kleinen Fischerhafen gut gehen lassen. Bevor es auf gleicher Strecke wieder zurück nach Sitia geht, lohnt ein weiterer Badestopp am Golf von Mirabello.

Die schönsten Autotouren: Osten 4

Kurzbeschreibung: (ca. 125 km, Fahrzeit ca. 185 Min.)
Bei dieser Tour lassen sich besonders viele im Buch beschriebene Highlights und Strände miteinander verbinden.

Ausgangspunkt für diese Tour an die Ostküste Kretas ist Sitia (59). Von hier geht es auf der Küstenstraße weiter östlich in Richtung Palekastro. Kurz nach Dionissos Village geht es links den Berg hinauf zur ersten Station, dem Kloster Toplou (58) mit dem schönen Innenhof. Vom Kloster folgt man der Straße in Richtung Vai. Hier hat man die Möglichkeit, Melonen oder Bananen (57) an einem der Straßenstände zu kaufen, bevor es zu einem der schönen Strände von Itanos (56), Vai (55) oder zum Psili Ammos Beach (54) geht. Nach einem Badestopp setzt man die Fahrt an der Ostküste in südlicher Richtung fort nach Palekastro und zur Fischtaverne (52) in wunderschöner Lage direkt am Meer. Nach einer Stärkung geht die Tour dann in südlicher Richtung an der Küste entlang mit Wandermöglichkeiten durch die Schlucht von Chochlakies (51) oder durch das Tal der Toten bei Kato Zakros (50). Von Kato Zakros aus führt die Strecke in den äußersten Südosten Kretas nach Xerokambos (48) mit weiteren Bademöglichkeiten und einsamen kleinen Buchten. Dann folgt man der neuen Passstraße (48) mit traumhaften Ausblicken auf die Küste wieder in die Berge nach Chametoule und weiter über Ziros und Chandras in das verlassene Dorf Voila (49). Von dieser letzten Station geht es über Episkopi zurück nach Sitia.

Kurzbeschreibung: Orte und Sehenswürdigkeiten

Agia Marina
Der Küstenort liegt ca. 8 km westlich von Chania im Nordwesten Kretas. Zahlreiche Shops, Boutiquen, Cafés und Tavernen prägen das Straßenbild. An den langen Sandstränden kann man tagsüber schöne Strandspaziergänge unternehmen, bevor man sich abends ins lebhafte Nachtleben stürzt.

Bali
Der touristische kleine Fischerort an der Nordküste Kretas liegt zwischen Rethimnon und Iraklion malerisch in einem Felshang eingebettet. Im kleinen Fischerhafen kann man den Fischern beim Flicken der Netze zusehen. Den gefangenen Fisch kann man abends in einer der Tavernen genießen.

Chersonissos
Der Küstenort ist recht touristisch. Am Strand werden verschiedene Wassersportmöglichkeiten angeboten. Viele Hotels, Bars und Restaurants machen den Ort zu einer der Partyhochburgen auf Kreta. Wer das Nachtleben liebt, wird hier auf seine Kosten kommen. Chersonissos liegt ca. 26 km östlich von Iraklion.

Dikti-Gebirge
Beim Dikti-Gebirge mit dem 2.148 m hohen Berg Dikti handelt es sich um das dritthöchste Gebirge auf Kreta. Das Dikti-Massiv umschließt auch die Lassithi-Hochebene im Osten Kretas. Es erstreckt sich über eine Fläche von ca. 30 km x 14 km.

Ida-Gebirge
Beim Ida-Gebirge handelt es sich mit dem 2.456 m hohen Berg Psiloritis um das höchste Gebirge auf Kreta. Das Massiv liegt in der Mitte Kretas südwestlich von Iraklion. Der Berg Psiloritis wird oft auch „Timios Stavros" genannt, nach der gleichnamigen Gipfelkapelle. Die schneebedeckten Berggipfel sind oft noch bis in den frühen Sommer zu erkennen.

Lassithi-Hochebene
Fruchtbare landwirtschaftlich genutzte und bewohnte Hochebene im Osten Kretas. Die Ebene liegt auf ca. 800 m Höhe und erstreckt sich auf eine Fläche von ca. 6 km x 10 km. Sie ist von dem Dikti-Gebirge eingeschlossen. Die meisten der tausenden von Windmühlen, die einst zum Pumpen von Wasser für die Felder genutzt wurden, wurden im Laufe der Zeit durch Diesel betriebene Pumpen ersetzt. Lohnend ist auch ein Besuch der „Dikteon Andron Höhle".

Lefka Ori
Bei den „Lefka Ori", den Weißen Bergen im Westen Kretas mit dem 2.453 m hohen Berg Pachnes handelt es sich um das zweithöchste Gebirge auf Kreta. Es ist flächenmäßig das größte Gebirge der Insel und umfasst ca. 50 Berggipfel mit über 2.000 m Höhe. Über 20 tief in das Gebirge eingeschnittene wilde Schluchten durchziehen das Gebirge. Die bekannteste unter ihnen ist die „Samaria-Schlucht".

Kurzbeschreibung: Orte und Sehenswürdigkeiten

Malia
Der Ort ist recht touristisch. Die zahlreichen Bars, Restaurants und Cafés locken viele Besucher an und erzeugen ein quirliges Nachtleben im Ort. Malia liegt ca. 30 km östlich von Iraklion. In der Nähe befinden sich bedeutende Ausgrabungsstätten aus minoischer Zeit. Wer in der Gegend ist, sollte die hier angebauten kleinen Bananen frisch von der Staude probieren.

Matala
Bekannt wurde der Ort durch die von Menschenhand in der Jungsteinzeit gegrabenen Wohnhöhlen in die weichen Sandsteinwände am Strand. In den 60er Jahren ließen sich Hippies für Monate und Jahre in den Höhlen nieder. Später wurden die Höhlenwohnungen von den Behörden unter Denkmalschutz gestellt und das Übernachten in den Höhlen verboten. Heute ist vom Hippiefeeling von damals nichts mehr zu spüren. Da ein Ausflug zu den Wohnhöhlen von vielen Reiseveranstaltern angeboten wird, tummeln sich täglich sehr viele Urlauber in Matala.

Platanias
Der Ort liegt direkt neben Agia Marina westlich von Chania. Durch die große Auswahl an Unterkünften, Tavernen, Cafés und Beach Bars herrscht hier meist großer Trubel. Am Strand gibt es viele Wassersportmöglichkeiten. Sonnenschirme und Liegen werden vermietet.

Samaria-Schlucht:
Die Samaria-Schlucht in den Lefka Ori gehört mit ca. 16 km Länge zu den längsten Schluchten in Europa und ist die bekannteste Schlucht auf Kreta. Da von überall Ausflüge in die Schlucht angeboten werden, wird sie an manchen Tagen von mehreren tausend Menschen durchwandert. Die organisierten Touren starten meist sehr früh morgens. Wanderschuhe, gute Kondition, Sonnenschutz sowie ausreichend Proviant und Wasser sind in dieser Schlucht besonders wichtig. Von der Omalos-Hochebene bis zum Schluchtausgang am Ly-bischen Meer ist ein Höhenunterschied von ca. 1.200 m zu bewältigen. Reine Gehzeit: Ca. 6 Std. über Stock und Stein. Viele Urlauber haben den Muskelkater ihres Lebens aus der Samaria-Schlucht mitgebracht. Daher ist diese Tour nur Urlaubern mit entsprechender Kondition und Wanderausrüstung zu empfehlen. In den heißen Sommermonaten ist diese konditionell anspruchsvolle Tour nur bedingt zu empfehlen. Die Schlucht ist von Mai bis Oktober von 7:00-16:00 Uhr geöffnet. Letzter Einlass in die Schlucht ist 12:00 Uhr. Von November bis April ist die Schlucht geschlossen, da sie viel Wasser führt und die Gefahr von Steinschlag zu groß ist.
Tipp: Starten Sie recht früh am Morgen zu dieser Tour, dann sind die Temperaturen noch angenehmer, es ist noch nicht so viel los in der Schlucht und man erspart sich den Wettlauf gegen die Zeit, um noch das letzte Boot in Agia Roumeli zu erreichen. Da die An- und Abreise organisiert ist, empfiehlt sich, die Tour mit einem der zahlreichen Reiseveranstalter durchzuführen.

Stadtplan Chania
0
200 m
Leuchtturm
Fischerhafen
Venezianischer Hafen
Platia Talo
National Nautical Athletic Center
Akti Kenari
Akti Enosseos
Kalergon
Sifaka
Akti Tompazi
E. Venizeloui-Platz
Kanevaro
Archoleon
Minoos
Vourdouba
Platia 1821
Zambeliou
Karaoli Dimitriou
Daskalogianni
Episkopi
Nikiforou Foka
Akti Maouli
Theotokopoulou
Pireos
Parodos
Kondilaki
Chalidon
Potie
Tsouderon
Skridlof
Chatzimichalis
Selinou
Skalidi
Kissamou
Kidonias
Platia 1866
Apokoronou
Dimokratias
Tzanakaki
Korai
El. Venizelou
Vivilaki
Fragokastelou
Venizelou
El.
1 Nautisches Museum
2 Janitscharen Moschee
3 Schiavo-Bastion
4 Markthalle
5 Stadtpark mit Zoo, Café »Kipos«
6 Café »Oea«
7 Restaurant »To Xani«
8 Belmondo Hotel
9 Palazzo Duca Hotel
10 Alcanea Boutique Hotel
11 Casa Delfino Hotel
12 Fischrestaurant »Thalasino Ageri«

Stadtplan Rethimnon

Geschichte Kretas

2700 bis 2000 v. Chr. (Vorpalastzeit)
Viele Einwanderer aus dem kleinasiatischen Raum besiedeln Kreta und bringen neue Kenntnisse und Fähigkeiten mit. Sie bilden durch Verschmelzung mit der einheimischen Bevölkerung über die Jahre die Minoer, eine für die damalige Zeit hoch entwickelte Kultur. Es sind noch keine großen Paläste gebaut. Die Menschen können bereits Bronze verarbeiten.

2000 bis 1700 v. Chr. (Altpalastzeit)
Durch florierenden Handel im östlichen Mittelmeergebiet kommt Kreta zu beträchtlichem Wohlstand. Es werden die ersten größeren Zentren mit pompösen Palästen gebaut. Die Ausgrabungen von Knossos, Festos, Malia und Zakros stammen aus dieser Zeit. Es gibt Siegelsteine und Keramikarbeiten. Erste Schriftzeichen, wie z.B. den Diskos von Festos (37), stammen ebenfalls aus dieser Zeit. Hierbei handelt es sich um eine Tonscheibe mit Ø16 cm, deren Hieroglyphen bis heute nicht entschlüsselt werden konnten; zu besichtigen im Archäologischen Nationalmuseum in Iraklion (42). Vermutlich zerstörte ein starkes Erdbeben die Paläste und beendete diese Epoche.

1700 bis 1450 v. Chr. (Neupalastzeit)
Auf den Trümmern der alten Paläste werden neue noch größere und pompösere Paläste errichtet. Die Menschen haben große Fähigkeiten, Bronze und Keramik zu verarbeiten, wie zahlreiche filigrane Funde belegen. Das Handwerk und der Handel laufen auf Hochtouren. Waren werden vermutlich bis nach Skandinavien verkauft. Der Mittelmeerraum wird von der minoischen Kultur aus Kreta beherrscht, der Lebensstandard auf Kreta ist dementsprechend hoch. Es wird vermutet, dass zu dieser Zeit vermehrt auch Griechen vom Festland nach Kreta übersiedelten.

1450 v. Chr. (Untergang der minoischen Kultur)
Um 1450 v. Chr. werden die Paläste vermutlich durch eine Naturkatastrophe zerstört. Was sich damals genau abspielte und letztendlich zum Untergang der minoischen Kultur geführt hat, ist bis heute nicht geklärt.

1400 bis 1100 v. Chr. (Nachpalastzeit)
Der Einfluss der Mykener wird immer größer auf Kreta und beendet die minoische Mittelmeerherrschaft. Die Kulturen der Mykener und Minoer vermischen sich im Laufe der Jahre, was sich aus der zu dieser Zeit verwendeten Schrift schließen lässt. Kreta verliert an Bedeutung. Die wichtigen Zentren verlagern sich auf das Festland.

1100 bis 500 v. Chr. (Dorische Epoche)
Die Dorer fallen in Kreta ein und machen die kretische Bevölkerung zu Untergebenen. Die Fähigkeit der Eisenverarbeitung kommt durch die Dorer nach Kreta. Politisch verliert Kreta immer

mehr an Bedeutung in der Region. Die Machtzentren verlagern sich nach Athen und Sparta. Auf Kreta sind die meisten Machtzentren mit ihren Palästen zerstört. Gortis (40) entwickelt sich zum einflussreichsten Zentrum auf Kreta. Die Stadtrechte wurden hier bereits 500 v. Chr. in Stein gemeißelt und können besichtigt werden.

500 bis 67 v. Chr. (Hellenistische Epoche)
Kreta verliert in dieser Zeit weiter an Bedeutung. Piraten überfallen von Kreta aus Handelsschiffe im Mittelmeer.

67 v. Chr. bis 395 n. Chr. (Römische Epoche)
Die Römer eroberten Kreta. Gortis wird die neue Hauptstadt unter Römischer Führung. Es werden Straßen gebaut und Getreide angebaut. 65 n. Chr. kommt der Apostel Paulus mit seinem Begleiter Titus nach Kreta. Titus bleibt in Gortis zurück und wurde der erste Bischof auf Kreta. Das Christentum gewinnt zunehmend an Bedeutung. Ab dem 2. Jh. n. Chr. werden die Christen auf Kreta verfolgt. In Agia Deka bei Gortis werden zehn Bischöfe hingerichtet. Die Gräbergruft kann besichtigt werden und liegt neben den Ausgrabungen von Gortis. Das Römische Reich zerfällt in das Ost- und Weströmische Reich. Kreta wird dem Oströmischen Reich mit der Hauptstadt Konstantinopel (dem heutigen Istanbul) zugesprochen.

395 bis 824 n. Chr. (Erste byzantinische Epoche)
Das Christentum verbreitet sich sehr stark auf Kreta. Es werden viele Kirchen gebaut. Politisch spielt Kreta weiter keine große Rolle.

824 bis 960 n. Chr. (Arabische Epoche)
Die Sarazenen haben die Führung in Kreta übernommen und zerstören viele Kirchen. Die Bevölkerung auf Kreta wird unterdrückt, daraufhin fliehen viele Kreter in die Berge.

960 bis 1204 n. Chr. (Zweite byzantinische Epoche)
Die Byzantiner erobern Kreta zurück. Kreta wird in dieser Zeit von 12 Adelsfamilien regiert. Die Kirche wird in die orthodoxe und römische Kirche geteilt. Viele Kreter nehmen daraufhin den orthodoxen Glauben an.

1204 bis 1669 n. Chr. (Venezianische Herrschaft)
Konstantinopel wird von Kreuzfahrern erobert. Diese teilen das von Konstantinopel geführte Reich neu auf. Kreta wird für einen symbolischen Betrag an Venedig verkauft. Im 15. Jh. gewinnt das Osmanische Reich immer mehr an Bedeutung. Konstantinopel wird nach mehrwöchiger Belagerung erobert. Daraufhin werden die venezianischen Festungen Spinalonga, Gramvousa und Souda zur Verteidigung der Insel gebaut. Im Jahre 1645 beginnen die Türken, Kreta zu erobern.

Geschichte Kretas

1669 bis 1898 n. Chr. (Türkische Epoche)
Nachdem Chania und Rethimnon schnell von den Türken eingenommen werden konnte, wird Iraklion 21 Jahre umkämpft und schließlich von den Türken 1669 besiegt. Mit Anreizen wie Steuererleichterungen, aber auch mit Druckmitteln bis zur Tötung des Dorfoberhaupts treiben die Türken die Islamisierung auf Kreta voran. Immer wieder organisieren die Kreter Aufstände gegen ihre Besetzer, die jedoch alle in blutigen Massakern enden. Erst nach dem Eingriff der Großmächte im Jahre 1898 werden die Türken gezwungen, Kreta zu verlassen.

1898 bis 1913
In diesen Jahren bleibt Kreta autonom unter dem Protektorat von Großbritanien, Frankreich, Italien und Russland. Im Jahre 1913 wird Kreta mit Griechenland vereinigt.

1913 bis 1940
Die griechischen Machthaber beginnen einen Krieg gegen die Türken, um Konstantinopel zu erobern und das griechische Reich weiter nach Kleinasien auszudehnen. Schon bald müssen sie kapitulieren und treten den Rückzug an. Am 24. Juli 1923 wird im Friedensvertrag von Lausanne ein großer Völkeraustausch vereinbart. 1,25 Millionen Griechen werden aus der Türkei nach Griechenland umgesiedelt. Im Gegenzug müssen etwa 0,5 Millionen Türken aus Griechenland in die Türkei umsiedeln.

1940 bis 1945
Am 28. Oktober 1940 greift das mit Deutschland verbündete Italien im Zweiten Weltkrieg Griechenland an. Das griechische Festland wird 1941 im Verlauf des Balkanfeldzugs von den Deutschen und Italienern eingenommen. Die von den Griechen zur Hilfe gerufenen Engländer, Australier und Neuseeländer ziehen sich nach Kreta zurück und beginnen daraufhin auf Kreta Landeplätze, unter anderem in Maleme, für weiteres Kriegsgerät zu bauen. Am 20. Mai 1941 beginnt die Invasion mit deutschen Fallschirm- und Gebirgsjägern auf Kreta. Der Flughafen bei Maleme wird hart umkämpft. Die mit den Griechen verbündeten Engländer, Australier und Neuseeländer verteidigen Kreta gegen die deutschen Angreifer, müssen den Flughafen von Maleme aber wenige Tage später aufgeben. Durch die Eroberung des Flughafens können die deutschen Truppen weiteres Kriegsgerät heranschaffen und die Alliierten sehen keine Möglichkeit mehr, Kreta zu halten. Vom 28. Mai 1941 bis 01. Juni 1941 flüchten die alliierten Soldaten in Eilmärschen über die Askifou-Hochebene nach Chora Sfakion, wo viele tausend Soldaten von eilig zusammengerufenen Booten evakuiert werden können. Mehrere tausend alliierte Soldaten geraten jedoch in deutsche Kriegsgefangenschaft. Die einheimische Bevölkerung leistet einen erbitterten Widerstand gegen ihre deutschen Besatzer. Immer wieder gibt es Partisanenüberfälle. Die deutschen Truppen reagieren mit großer Brutalität und grausamen Massakern. Es gibt Massenerschießungen, ganze Dörfer werden

Geschichte Kretas

dem Erdboden gleich gemacht. Die Soldatenfriedhöfe bei Maleme und Souda sowie zahlreiche Gedenkstätten, unter anderem bei Ano Viannos, erinnern an diese schreckliche Zeit. 1945 verlassen die deutschen Truppen Kreta aufgrund des verlorenen Zweiten Weltkriegs.

1946 bis 1949
Auch in den Folgejahren kommt Kreta nicht zur Ruhe. Zwischen den Kommunisten und der konservativen Regierung tobt ein erbarmungsloser Bürgerkrieg.

1949 bis 1967
Griechenland tritt 1951 in die Nato ein. Auf der Akrotiri Halbinsel bei Chania entsteht ein wichtiger Natostützpunkt, auf dem heute Raketen und auch deutsche Soldaten stationiert sind.

1967 bis 1974
Es herrscht eine Militärdiktatur in Griechenland, die 1974 unblutig durch eine Demokratie abgelöst wird. Konstantin Karamanlis wird erster Ministerpräsident.

1974 bis 2001
Griechenland tritt 1981 der EG bei. Der EG-Beitritt hat durch starke Preiserhöhungen in Griechenland einen Inflationsanstieg zur Folge.

2002 bis 2015
Griechenland nimmt an der Europäischen Währungsunion teil. Der Euro wird neues Zahlungsmittel in Griechenland. Es kommt zu weiteren Preissteigerungen in Griechenland, die für viel Unmut in der Bevölkerung sorgen. Im Jahr 2004 wird aufgedeckt, dass Griechenland Haushaltszahlen gefälscht hat, um den Euro einführen zu können. Die griechische Regierung versucht, das Haushaltsdefizit durch umfangreiche Sparprogramme in den Griff zu bekommen.

Anmerkung:
Kreta wurde immer wieder von unterschiedlichen Kulturen und Völkern besetzt, erobert und zerstört. Die Kreter haben dabei oft den Krieg verloren. Sie haben aber immer für ihr Land gekämpft, es verteidigt und oft eher den Tod gewählt als sich den Eroberern zu ergeben. Diese Jahrtausend alte Kultur hat aus den Menschen auf Kreta stolze Persönlichkeiten geformt, die sich in erster Linie als Kreter und erst dann als Griechen sehen. Trotz dem vielen Leid, das der Bevölkerung immer wieder angetan wurde, sind die Kreter ein sehr gastfreundliches Volk.

Wandern auf Kreta

Die beste Reisezeit für Wanderungen auf Kreta ist von April bis Juni. Es ist noch nicht so heiß wie im Hochsommer, vieles blüht und je nach Wanderung wird man mit einem tollen Blick auf schneebedeckte Berggipfel belohnt. Beim Schluchtenwandern ist Vorsicht geboten. Einige Schluchten führen noch viel Wasser, so dass sie teilweise nicht begehbar sind. In den Sommermonaten ist es sehr heiß auf Kreta. Diese Zeit ist daher nicht optimal für Wanderungen. Die Zeit von September bis November eignet sich ebenfalls für Wanderungen, allerdings ist es dann eher karg auf der Insel. Wanderwege sind auf Kreta meist schlecht beschildert. Oft zweigen von Wildziegen eingelaufene Pfade von den Wegen ab. Besonders beim Bergwandern muss man aufpassen, dass man sich nicht verläuft. Auf Kreta gibt es auch einige Veranstalter, die geführte Wandertouren anbieten. Auskünfte erteilen die Touristeninformationen in den Orten oder man fragt direkt im Hotel an der Rezeption. Viele Hotels arbeiten mit speziellen Tourenanbietern zusammen.

In diesem Buch beschriebene Wanderungen:

20. Küstenwanderung von Chora Sfakion nach Loutro
46. Wanderung in der Schlucht von Sarakino
47. Wanderung durch die Schmetterlingsschlucht
50. Wanderung von Kato Zakros durch das Tal der Toten
51. Wanderung durch die Schlucht von Chochlakies

sowie weitere Wanderinformationen in der Übersicht auf S. 172-173

Empfehlungen für Wanderungen auf Kreta:

- Nicht zu spät zur Wanderung aufbrechen, um nicht in die Dunkelheit zu geraten. Oft muss das letzte Boot/der letzte Bus erreicht werden, um zum Startpunkt zu gelangen.
- Bei größeren Touren möglichst früh morgens aufbrechen, dann sind die Temperaturen meist noch angenehm und es ist weniger los auf den Wanderpfaden.
- Die Mittagssonne in den heißen Sommermonaten meiden.
- Sonnenschutz und Kopfbedeckung nicht vergessen.
- Der Witterung und Jahreszeit angemessene Kleidung tragen.
- Einen Wanderführer und eine guten Landkarte mitnehmen.
- Genug Wasser und Proviant im Rucksack haben.
- Wanderschuhe oder geeignetes Schuhwerk anziehen.
- Wasserfeste Trekkingsandalen mit griffiger und fester Sohle für Schluchtenwanderungen im Frühjahr mitnehmen.
- Nicht alleine wandern gehen.
- Taschenlampe für Höhlenbesichtigungen nicht vergessen.
- Die Natur schützen und alles so hinterlassen, wie man es vorgefunden hat.
- In schwierigem Gelände nur geführte Touren machen.
- Erste-Hilfe-Set mitnehmen.
- Keine unnötigen Risiken eingehen und die Tour im Zweifelsfall lieber abbrechen.

Kurzbeschreibung Mehrtages-Wandertour

Tag 1: Bergtour zur Kallergi-Hütte. Von der Ortschaft Omalos auf der Omalos-Hochebene beginnt diese Etappe mit dem Aufstieg auf 1.680 m zur Kallergi-Hütte. Diese Berghütte verfügt über 50 Schlafplätzen im Matratzenlager oder Mehrbettzimmer (Reservierung erforderlich Tel.: +30 69366 57954).
Von hier oben hat man einen atemberaubenden Ausblick auf die Samaria-Schlucht und die umliegenden Berge. Wer etwas mehr Zeit hat, sollte hier auch die Nacht verbringen und Auf- und Abstieg in 2 Tagen machen.
Dauer: ca. 5 Std. für Auf- und Abstieg
Strecke: ca. 8 km, Auf- und Abstieg je ca. 500 Höhenmeter
Übernachtung: Unterkunft in Omalos oder der Kallergi-Hütte

Tag 2: Schluchtenwanderung durch die Samaria-Schlucht (S. 155). Abstieg am frühen Vormittag von der Omalos-Hochebene durch die Schlucht bis zum Lybischen Meer nach Agia Roumeli.
Dauer: ca. 6 Std. reine Gehzeit, konditionell anspruchsvoll
Strecke: ca. 16 km, Abstieg mit ca. 1.200 m Höhenmetern
Übernachtung: Unterkunft in Agia Roumeli

Tag 3: Bootsfahrt von Agia Roumeli nach Sougia. Diese Strecke enthält einige sehr schwierige Passagen zum Wandern. Die reine Gehzeit beträgt ca. 13 Std., daher empfehlen wir die Fahrt per Boot mit Aufenthalt in Agia Roumeli und Sougia (17).
Über Abfahrtszeiten können Sie sich unter www.sfakia-crete.com oder +30 28250 91101 informieren.

Tag 4: Küstenwanderung von Sougia (17) nach Paleochora (14) Die Strecke ist Teil des E4-Europafernwanderwegs und mit zahlreichen gelb-schwarzen Markierungen gut beschildert. Abwechslungsreiche Wanderung mit tollen Stränden (15) und (16) nach etwa Dreiviertel der Wegstrecke.
Dauer: ca. 5 Std. reine Gehzeit
Strecke: ca. 12 km, kaum Schattenplätze auf der Strecke
Übernachtung: Unterkunft in Paleochora

Tag 5: Küstenwanderung von Paleochora nach Elafonisi (12) Das erste Drittel der Tour führt an der Straße von Paleochora nach Elafonisi entlang. Im Ort Koundouras (ca. 7 km westlich von Paleochora) beginnt der eigentliche Wanderpfad. Die letzten 30 Min. der Wanderung bilden mit den beiden Traumstränden (12) und (13) den Höhepunkt dieser Etappe.
Dauer: ca. 6 Std. reine Gehzeit
Strecke: ca. 18 km, kaum Schattenplätze auf der Strecke
Übernachtung: Unterkunft in Elafonisi

Hinweise:
- Rückfahrt per Boot, Bus oder Taxi
- Alternativ kann man die Tour mit der Agia Irini-Schlucht beginnen und ab Sougia wie beschrieben fortsetzen.
- Entsprechende Kondition, Wanderausrüstung und Erfahrung sollte man für diese Tour mitbringen.

Essen und Trinken

Frühstück
Für die Kreter ist es nicht üblich, ausgiebig zu frühstücken, wie wir es kennen. Daher fällt das Frühstück in vielen Unterkünften und Hotels auch entsprechend einfach aus.

Mittag- und Abendessen
Die Kreter lieben die Geselligkeit. Nur selten wird alleine gegessen. Meist isst man zusammen mit der Familie oder mit Freunden in lockerer Runde, die bei den Kretern „parea" genannt wird. Bei den Kretern ist es üblich, dass mehrere Speisen bestellt werden. Es kommt alles auf den Tisch, sobald es in der Küche fertig ist. Jeder bedient sich an allen Tellern und Schüsseln, die aufgefahren werden. So entsteht immer ein kleines Buffet auf dem Tisch. Meist ist das Ambiente in den Tavernen schlicht. Man sitzt auf einfachen Holzstühlen an einem Tisch, dessen Tischplatte mit einer Einwegtischdecke geschützt wird. Gerade dieses einfache Ambiente mit den frisch zubereiteten Speisen hat einen besonderen Charme. Es lohnt sich meist auch, außerhalb der Touristenzentren in die einfachen Tavernen zu gehen. Hier geht es meist ursprünglicher zu und man kann die unverfälschte kretische Küche genießen. Fleisch und Fisch werden meist auf dem Holzkohlegrill zubereitet. Nachdem man um die Rechnung gebeten hat, wird man oft noch auf einen kretischen Raki eingeladen. Ouzo trinken auf Kreta meist nur die Frauen. Nach dem Bezahlen lässt man das Trinkgeld (5-10%) diskret auf dem Tisch liegen.

Fisch
Das Meer an der Küste Kretas ist großteils fast leer gefischt. Mittlerweile muss man die Fischtavernen, die frischen Fisch oft mit eigenen Booten fangen, fast suchen. Hier ist es üblich, dass die Fische in der Karte nach Gewicht berechnet werden. Meist kann man sich die frischen Fische in einer Theke anschauen und einen Fisch auswählen. Wichtig hierbei ist, dass der Fisch im Beisein des Gastes gewogen und der Preis für das Mahl genannt wird, um unangenehme Überraschungen zu vermeiden.

Fleisch
Rinder und Schweine gibt es wenig auf Kreta, deshalb wird Rind- und Schweinefleisch auch seltener angeboten und ist, wenn es auf der Karte steht, oft recht teuer. Lämmer, Schafe und Ziegen gibt es dafür viele auf Kreta. Daher dominieren bei den Speisen auch Lammgerichte, Schafskäse, Zicklein usw.

Obst, Gemüse und Gewürze
Die Kreter essen oft auch vegetarische Gerichte, da es viel Obst und Gemüse auf Kreta gibt. Angebaut werden vor allem Tomaten, Knoblauch, Avocado, Zwiebeln, Oliven, Auberginen, Zucchini, Paprika, Gurken, Salbei, Rosmarin, Oregano, Thymian, Melonen, Bananen, Orangen, Zitronen, Kirschen, Trauben, Äpfel, Feigen, Mandeln und noch vieles mehr.

Kulinarisches Wörterbuch

Guten Appetit = kali orexi
Prost = jamas

Fisch = psari
Rotbarben = barbunja
Garnelen = garides
Sardinen = sardeles
Tintenfisch = supies
Muscheln = midja
Thunfisch = tonnos

Fleisch = kreas
Huhn = kotopulo
Kaninchen = kuneli
Lamm = arni
Schwein = chirino
Spanferkel = gurunopulo
Rind = wodi
Kalb = mosschari

Gemüse = lachanika
Auberginen = melitzanes
Kartoffeln = patates
Zucchini = kolokithakja
Knoblauch = skordo

Salz = alati
Pfeffer = piperi
Öl = ladi
Essig = xidi

Wasser = nero
Bier = bira
Wein = krassi
Weißwein = levko krassi
Rotwein = kokino krassi
Tee = tsai
Kaffee = kafes
Milch = gala
Zucker = sachari

Obst = fruta
Wassermelone = karpusi
Honigmelone = pepponi
Apfel = milo
Trauben = stafilia

Brot = psomi
Butter = wutiro
Ei = awgo
Käse = tiri

Spezialitäten aus Kreta:

Bauernsalat = choriatiki salata
Gegrillter Schafskäse = saganaki
Spinatpastete = spanakopita
Käsepastete = tiropita
Fischroggenpüree = taramosalata
Thunfischsalat = tonnosalata
Gefüllte Weinblätter = dolmadakia
Joghurt mit Gurke und Knoblauch = tzatziki
Oliven = eljes
Schafskäse = feta
Fischsuppe = kakavia

Auberginenauflauf = mussaskas
Mit Hackfleisch gefüllte Auberginen = papoutsakia
Verschiedene Gemüse im Backofen geschmort = briam
Mit Reis gefüllte Tomaten = tomates jemistes
Geschmortes Rinderfleisch mit Zwiebeln = stifado
Schweinefleischspieße = souvlaki
Frikadelle = bifteki
Frittierte Tintenfischringe = kalamarakia

Joghurt mit Honig und Nüssen = jaurti me meli ke karidia
Süßes Gebäck aus Honig und Sesam = halva

Minimal-Wortschatz

Guten Morgen = kalimera
Guten Abend (Begrüßung) = kalispera
Gute Nacht (zum Abschied) = kalinichta
Hallo = jassou oder jassas
Tschüss = adio

Bitte schön = parakalo
Danke schön = efcharisto
Entschuldigung = sijnomi
Guten Appetit = kali orexi
Prost = jamas

Abfahrt = anachorisis
Ankunft = afixis
Flughafen = aerodromio
Hafen = limani
Bahnhof = stathmos
Taxi = taxi
Bus = leoforio
Auto = aftokinito
Schiff = plio

die nächste Straße = o protos dromos
die übernächste Straße = o defteros dromos
links = aristera
rechts = dexia

Sprechen Sie englisch? = milate anglika?
Sprechen Sie deutsch? = milate jermanika?

Ja = nä
Nein = ochi

1 = ena
2 = dio
3 = tria
4 = tessera
5 = pende
6 = exi
7 = efta
8 = ochto
9 = ennea
10 = deka
100 = ekkato
1000 = chilja

heiß/kalt = sesto/krio
gut/schlecht = kalo/kako
klein/groß = mikro/megalo
oben/unten = epano/kato
billig/teuer = ftinos/akriwos
viel/wenig = poli/ligo
weit/nah = makria/konta

Haben Sie... = echete...
...ein Zimmer? = ...ena domatio?
Um wie viel Uhr? = ti ora?
Wieviel kostet es? = poso kani?
Wo sind wir jetzt? = pu imaste tora?

Montag = deftera
Dienstag = triti
Mittwoch = tetarti
Donnerstag = pempti
Freitag = paraskewi
Samstag = sawato
Sonntag = kiriaki

heute = simera
morgen = awrio
gestern = chtes

Bank = trapesa
Markt = agora
Museum = musio
Schlucht = gorge
Strand = paralia

geöffnet = aniktos
geschlossen = klistos

Für den Notfall

Achtung = prosochi
Hilfe = woitia
Helfen Sie mir bitte = voithiste me parakalo

Ich habe eine Panne = echo wlawi
Ich habe kein Benzin = den echo katholu wensini

Wo ist die nächste... = pu ine to epomeno
...Tankstelle = ...pratirio kafsimon
...Geldautomat = ...aftomato chrimaton
...Apotheke = ...farmakio
...Arzt = ...iatros
...Zahnarzt = ...odontiatros
...Krankenhaus = ...nossokomio
...Zimmer = ...domatio

Rufen Sie bitte... = fonaxte parakalo grigora...
...Krankenwagen = ...to nosokomiako
...Feuerwehr = ...tin piroswestiki
...Polizei = ...tin astinomia

Ich habe ... = echo...
...Kopfschmerzen = ...ponokefalo
...Bauchschmerzen = ...ponus stin kilia
...Zahnschmerzen = ...ponodondo
...Durchfall = ...diaria

Telefonnummern für den Notfall:
Notruf: 112
Krankenwagen: 166
Polizei: 100
Feuerwehr: 199

ADAC 24 Std.-Notrufnummer in München:
- Fahrzeugschaden: +49 89 222222
- Krankheit/Verletzung: +49 89 767676

ELPA Pannenhilfe: 10400 (Vergleichbar mit dem ADAC in Deutschland)
Mietwagenstationen haben meist eine eigene Notrufnummer

Deutsches Honorarkonsulat:
- Dikeossinis 7, 71202 Iraklion Tel.: +30 28102 26288
- Digeni Akrita 1, 73100 Chania Tel.: +30 28210 68876 (Goethe-Zentrum)

Österreichische Botschaft in Athen:
Vasilissis Sofias 4, 10674 Athen Tel.: +30 2107257 270

Schweizerische Botschaft in Athen:
Lassiou 2, 11521 Athen Tel.: +30 210 72303 64 / 65 / 66 Helpline: +41 800 247365

Sperrung von Handy-, EC- und Kreditkarten (24-Stunden-Service):
Zentraler Annahmedienst in der BRD: +49 116116 oder +49 304050 4050
Wichtiger Hinweis: Kartensperrung ausländischer Anbieter so nicht möglich!

Reise- und Klimatabelle

	Jan	Feb	Mär	Apr	Mai	Jun	Jul	Aug	Sep	Okt	Nov	Dez
Tagestemperatur Ø	15°C	16°C	17°C	20°C	23°C	27°C	29°C	29°C	27°C	24°C	20°C	17°C
Nachttemperatur Ø	9°C	9°C	10°C	12°C	15°C	19°C	22°C	22°C	19°C	17°C	14°C	11°C
Wassertemperatur Ø	16°C	15°C	16°C	17°C	19°C	22°C	24°C	25°C	24°C	23°C	19°C	17°C
Sonnenstunden Ø	4	4,5	6	7,5	10	11,5	12	11	9,5	6,5	5	4
Sonnenaufgang ca.	6:45	6:20	*6:00	5:40	5:00	4:45	5:00	5:30	6:05	*6:10	6:20	6:45
Sonnenuntergang ca.	16:15	16:55	*18:00	19:10	19:45	20:00	20:00	19:20	18:35	*17:15	16:00	15:55
Regentage Ø	12	10	8	4	2	1	0	0	2	5	7	11
Wanderungen	-	-	o	+	+	+	o	o	+	+	o	-
Sightseeing	-	-	o	+	+	+	+	+	+	+	o	-
Baden	-	-	-	-	o	+	+	+	+	+	o	-

\+ in diesem Monat gut geeignet
\- in diesem Monat schlecht geeignet
o in diesem Monat eingeschränkt geeignet

* Umstellung Sommer- / Winterzeit

Reisezeit

Wetter

Auf Kreta gibt es pro Jahr ca. 300 Sonnentage. Von Dezember bis März kann es auf Kreta öfter regnen und in den Höhenlagen auch schneien. Viele Unterkünfte auf Kreta haben keine Heizung. Ein klassisches Reiseziel, um den kalten Wintermonaten zu entfliehen, ist Kreta daher nicht. Im April wechseln sich Sonnen- und Regentage häufig ab. Das Frühjahr beginnt.

Die Reisesaison beginnt ab Anfang Mai. Die Insel ist im Mai und Juni wunderschön grün und alles blüht. Es wird zunehmend sonniger und es ist noch recht wenig los auf Kreta. Abends kann es noch etwas kühl werden. Die Berggipfel sind oft noch bis zum Sommerbeginn schneebedeckt.

In den Sommermonaten ist das Wetter fast immer sonnig und heiß. An der Küste kann das Thermometer im Juli und August auch mal über 40°C klettern. Tendenziell ist es an der Südküste auf Kreta um 2-3°C wärmer als an der Nordküste. Es ist eine trockene Hitze im Sommer auf Kreta.

Von September bis Oktober wird es wieder ruhiger und die Nachsaison beginnt. Es ist meist noch schön warm, aber auch karg durch den trockenen Sommer. Im November wird es zunehmend regnerisch und kalt. Die meisten Touristen haben die Insel verlassen und die Einheimischen beginnen mit der Olivenernte.

Beste Reisezeit für Badefans

Für Badefans ist die Zeit von September bis Oktober am besten geeignet. Das Meer hat angenehme Temperaturen und es ist tagsüber nicht mehr ganz so heiß und überlaufen wie im Juli und August. Durch die heißen Sommermonate wird es ab Juli recht karg auf Kreta.

Beste Reisezeit für Naturliebhaber

Von April bis Juni ist die Insel schön grün, alles blüht und es ist noch nicht viel los. Auch die Temperaturen sind zum Wandern ideal. Besonders zu Beginn dieser Zeit kann das Wetter etwas durchwachsen sein. In den Höhenlagen ist es abends kühl. Einige Schluchtenwanderungen sind noch nicht oder nur eingeschränkt möglich, da die Schluchten noch zu viel Wasser führen. Das Meer ist durch die kälteren Wintermonate noch recht kalt und daher zum Baden weniger geeignet.

Beste Reisezeit für Kulturinteressierte

Reisende, die sich vor allem die Städte, Museen und Ausgrabungen anschauen möchten, finden hierzu ideale Bedingungen von Mai bis Juni sowie von September bis Oktober. Wer im Urlaub die kulturellen Sehenswürdigkeiten mit schönen Wanderungen verbinden möchte, sollte Kreta von Mai bis Juni besuchen. Wer sich als Ausgleich lieber sonnen und im Meer baden möchte, der sollte im September oder Oktober nach Kreta reisen.

Reiseinformationen

Apotheken
Apotheken gibt es in den größeren Städten. Man erkennt sie am grünen Kreuz.

Einreise
Deutsche, Österreicher und Schweizer benötigen einen Personalausweis oder Reisepass zur Einreise.

Fotografieren
Es ist verboten, im Bereich von Flughäfen und Militärischen Anlagen zu fotografieren. Das Fotografieren in Kirchen und Klöstern ist oft ebenfalls nicht erlaubt.

Geld
In Griechenland wird mit Euro gezahlt. Geld bekommt man auf Kreta am besten mit der EC-Karte am Geldautomat.

Kirchen und Klöster
Kirchen und Klöster sollten nur mit langen Hosen/langen Röcken und bedeckten Schultern betreten werden. Die Kreter sind sehr religiös und reagieren bei Missachtung oft zornig.

Kriminalität
Kreta gilt als sehr sicheres Reiseland und weist eine der niedrigsten Kriminalitätsraten in Europa auf.

Öffnungs- und Abfahrtszeiten
Öffnungs- und Abfahrtszeiten ändern sich auf Kreta häufig. Die im Buch angegebenen Zeiten können daher nur als Anhaltspunkt dienen. Montags ist oft Ruhetag. Märkte und Kirchen sollte man möglichts vormittags besuchen; nachmittags sind sie meist geschlossen; abends wird dann nochmal geöffnet.

Strom
Auf Kreta gibt es ein 230 Volt Stromnetz. Deutsche Stecker passen meist, zur Sicherheit lieber einen Adapterstecker mitnehmen.

Telefon
Vorwahl von Deutschland nach Griechenland +30
Vorwahl von Österreich nach Griechenland +30
Vorwahl von der Schweiz nach Griechenland +30

Vorwahl von Griechenland nach Deutschland +49
Vorwahl von Griechenland nach Österreich +43
Vorwahl von Griechenland in die Schweiz +41

Zoll
Der Erwerb und das Ausführen von Antiquitäten und alten Ikonen ist verboten. Das Sammeln, der Besitz und das Ausführen von archäologischen Gegenständen, wie Steinen oder Tonscherben, ist ebenfalls streng untersagt. Weitere Auskünfte erteilen die zuständigen Zollämter.

Impressum

Fotografien: Ralph von Bordelius
Texte: Ralph von Bordelius
Design & Layout: Ralph von Bordelius
Softwaretechnische Unterstützung: Marc Schmidt
Kartografie: Angelika Solibieda, Karlsruhe
Druck: Ratz Werbung+Druck GmbH
Schönaich - Printed in Germany

Erschienen im:
Ralph von Bordelius Verlag
Bahnhofstr. 14
D-75378 Bad Liebenzell

ISBN 978-3-943130-02-7
3. überarbeitete Auflage 2015

E-Mail: info@bordelius-verlag.de
Internet: www.bordelius-verlag.de

Ich möchte mich ganz herzlich bei allen bedanken, die mich bei der Erstellung dieses Reiseführers unterstützt haben.

Öffnungs- und Abfahrtszeiten, Eintrittspreise sowie die Gegebenheiten vor Ort können sich schnell ändern. Alle Angaben in diesem Reiseführer wurden sorgfältig recherchiert und gewissenhaft geprüft. Trotzdem können inhaltliche und formale Fehler nicht ausgeschlossen werden. Daher erklärt der Verlag, dass der Verlag und der Autor keinerlei Haftung und Verantwortung für inhaltliche und formale Fehler sowie daraus eventuell entstehende Schäden oder Nachteile übernehmen. Die Nennung von Firmen, Hotels, Restaurants etc. und ihre Reihenfolge sind nicht als Wertung zu verstehen. Die Klassifizierung, Tipps und Empfehlungen geben ausschließlich die subjektive Sicht des Autors wieder. Alle Angaben erfolgen ohne Gewähr.

Hiermit distanzieren wir uns ausdrücklich von den Inhalten der im Buch angegebenen Webseiten.

Übersicht: Orte und Sehenswürdigkeiten

	1	2	3	4	5	6	7	8	9	10	11	12	13	14	15	16	17	18	19	20	21	22	23	24	25	26	27	28	29	30	31	32	33
Ausgrabungen							●		●																			●					
Aussichtsziele	●			●				●	●		●			●				●		●	●		●			●					●	●	
Bergdörfer											●							●												●	●	●	
Geschichte	●	●	●		●	●		●	●		●							●			●				●	●	●		●	●			
Kirchen und Klöster			●		●	●	●				●						●			●							●	●					
Museen	●			●	●		●																										
Orte	●	●	●	●			●			●				●	●		●		●		●		●	●	●			●			●	●	
Panoramastraßen								●			●																						●
Restauranttipps	●	●	●	●	●				●	●	●	●		●	●						●	●	●	●	●				●			●	
Strände								●	●	●		●	●	●	●	●	●		●	●				●					●	●	●	●	●
Unterkunftstipps		●		●			●							●	●								●	●	●	●						●	
Wanderungen				●								●	●			●	●		●	●	●	●											

Übersicht: Orte und Sehenswürdigkeiten

	34	35	36	37	38	39	40	41	42	43	44	45	46	47	48	49	50	51	52	53	54	55	56	57	58	59	60	61	62	63	64	65	66
Ausgrabungen				●			●	●			●					●	●			●			●					●		●			●
Aussichtsziele		●			●						●	●			●		●		●			●					●	●	●	●			●
Bergdörfer										●																							●
Geschichte		●	●	●			●	●	●							●	●			●			●		●	●	●	●	●	●	●	●	
Kirchen und Klöster	●						●			●		●				●									●		●	●					●
Museen									●		●																		●				
Orte		●			●	●			●	●	●				●	●	●			●						●	●		●	●	●		●
Panoramastraßen					●					●					●		●											●		●			●
Restauranttipps			●			●			●	●				●					●								●			●	●		
Strände	●	●	●		●					●	●	●			●		●	●	●	●	●	●	●			●		●					
Unterkunftstipps			●		●	●								●						●								●		●	●		
Wanderungen											●		●	●			●	●			●	●	●										

Register A-K

Register L-Z

Ich hoffe, Sie hatten Dank diesem Reiseführer eine erholsame Zeit auf Kreta und konnten viele schöne Eindrücke sammeln und genussvolle Momente erleben. In der heutigen schnelllebigen Zeit können sich Gegebenheiten vor Ort schnell ändern. Besitzer wechseln, Sehenswürdigkeiten oder Restaurants schließen oder ändern ihre Öffnungszeiten und Kontaktdaten.

Haben Sie auf Ihrer Reise durch den Schwarzwald besonders schöne Orte, Aussichtsplätze, Kapellen, Badeseen, Wanderungen entdeckt oder auch einen besonderen Restaurant- oder Übernachtungstipp, der gut in diesen Reiseführer passen würde? Sie haben Anregungen, Hinweise für Korrekturen, Lob oder Kritik?

Dann schreiben Sie mir. Meine Kontaktdaten finden Sie auf Seite 171.
Ich freue mich auf Ihr Feedback!

Ihr Ralph von Bordelius

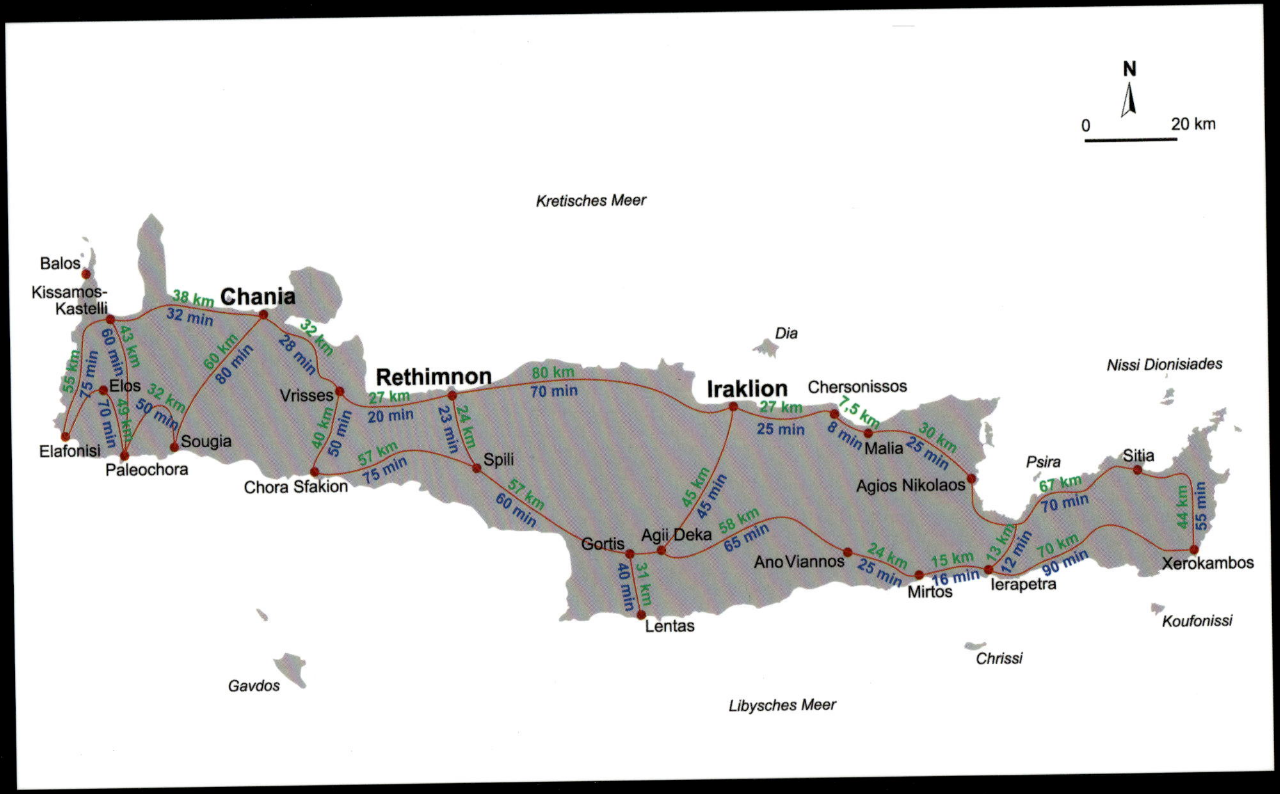
N
0
20 km
Kretisches Meer
Libysches Meer
Balos
Kissamos-
Kastelli
Chania
Rethimnon
Iraklion
Chersonissos
Malia
Agios Nikolaos
Sitia
Xerokambos
Ierapetra
Mirtos
Ano Viannos
Agii Deka
Gortis
Lentas
Spili
Chora Sfakion
Vrisses
Sougia
Paleochora
Elos
Elafonisi
Dia
Nissi Dionisiades
Psira
Koufonissi
Chrissi
Gavdos
38 km
32 min
32 km
28 min
60 km
80 min
43 km
60 min
55 km
75 min
70 min
32 km
50 min
27 km
20 min
80 km
70 min
24 km
23 min
40 km
50 min
57 km
75 min
57 km
60 min
27 km
25 min
7,5 km
8 min
30 km
25 min
45 km
45 min
58 km
65 min
31 km
40 min
24 km
25 min
15 km
16 min
13 km
12 min
67 km
70 min
70 km
90 min
44 km
55 min